£4-

g~

15|8

Un siècle de trahison

DU MÊME AUTEUR

*La guerre qui n'a pas eu lieu : l'étrange agonie
de l'Empire soviétique, 1985-1991*, Grasset, 1996.

David Pryce-Jones

Un siècle de trahison

La diplomatie française et les Juifs
1894-2007

Traduit de l'anglais par
Henri Froment

Titre original :
Betrayal — France, the Arabs, and the Jews

Éditeur original :
Encounter Books, New York, 2006.

© 2006, by David Pryce-Jones.

Et pour la traduction française :
© Éditions Denoël, 2008.

Pour Neal Kozodoy.

AVERTISSEMENT ET REMERCIEMENTS

Ce livre est la version remaniée et augmentée d'un ouvrage paru aux États-Unis sous le titre *Betrayal — France, the Arabs, and the Jews* dont un extrait a été publié en 2005 dans la revue *Commentary*[1]*. Il a été rendu possible grâce à l'aide que m'ont apportée mes amis français. Je pense en particulier aux diplomates qui, ni par leur culture, ni par leur religion, ni par leur formation, n'étaient prédisposés à mettre en cause les préjugés de leur administration. Ils ont pourtant accepté de me parler, m'ont ouvert les archives de leur ministère et leurs bibliothèques personnelles. Sans leur témoignage et leurs explications, ce livre n'aurait pas pu voir le jour. Les erreurs qu'il contiendrait sont en revanche intégralement miennes.

Que me soit donnée ici l'occasion de préciser que l'un de mes grands-pères participa à la Première Guerre mondiale dans les rangs de l'armée britannique tandis que l'autre appartenait à l'armée française. En 1940, année terrible, ma famille française a emmené avec elle le tout jeune enfant que j'étais dans sa fuite vers la zone libre. Je me suis donc toujours senti concerné par la politique et la culture des deux pays qui ont façonné ma personnalité.

---

* Le lecteur trouvera en fin d'ouvrage les notes appelées par un chiffre arabe.

Introduction

La notion de «politique arabe de la France» a pris une importance démesurée dans la conduite de la diplomatie française depuis la présidence du général de Gaulle. Elle est souvent présentée comme une conséquence de la décision du Général de mettre fin, en 1967, à la relation privilégiée entre la France et Israël. C'est oublier que la France se rêve depuis le Second Empire comme un État destiné à accomplir le destin des musulmans, quitte à les coloniser. L'idée d'un «royaume franco-arabe» a un siècle d'antériorité sur la «politique arabe de la France».

Universitaires, diplomates et journalistes ont abondamment écrit sur les relations difficiles entre la France et l'État juif depuis la fin des années 60, relations suivies par les diplomates du Quai d'Orsay. Des études, nombreuses et détaillées, ont porté sur les rapports entre la diplomatie française et le mouvement sioniste avant la création de l'État d'Israël. Mais rien n'a été écrit sur la manière dont les diplomates français ont perçu les Juifs en tant que Juifs, non en tant que sionistes ou Israéliens.

Idées et comportements se diffusent depuis les élites politiques qui les conçoivent jusqu'au peuple qui devra vivre avec leurs conséquences. Le ministère des Affaires étrangères est l'institution qui, plus que toutes les autres, est responsable dans le temps de la diffusion du grand dessein français pour les Arabes et les Juifs, et il en a également supervisé les conséquences. « Quand une institution incarne à ce point les intérêts du pays, ses aspirations, ses qualités, le pays peut s'identifier avec elle dans l'histoire[2] », affirme alors avec orgueil un pétainiste convaincu, qui voit dans le Quai d'Orsay l'incarnation de la France éternelle par-delà l'accident de la République.

La plupart des historiens ont remarqué une nette tendance antisémite dans la diplomatie de tous les grands pays occidentaux. Nul n'a vraiment osé s'interroger sur les causes de ce phénomène spécifique, souvent mis en perspective avec l'antisémitisme ambiant d'une époque. Curieusement, certaines de ces diplomaties sont passées de l'antisémitisme « traditionnel » à une opposition systématique à Israël, aboutissant parfois à un alignement total sur les positions de ceux qui font de la destruction d'Israël leur objectif.

Une étude approfondie de l'« esprit diplomatique » du Quai d'Orsay, du Foreign Office et du Département d'État permettrait sans doute de tirer des conclusions générales. L'objectif de ce livre est plus réduit. Il expose comment les diplomates, acteurs et souvent concepteurs de la politique étrangère de la France, ont perçu, compris et imaginé les Juifs, et comment cette perception, cette compréhension et cette imagination ont conduit à l'élaboration d'une politique dont la ligne directrice n'a en fait pratiquement pas varié entre l'affaire Dreyfus et la fin de la présidence de Jacques Chirac. L'épuration administrative, au lendemain de l'Occupation et, peu après, la création de l'État d'Israël marquent évidemment un hiatus entre deux périodes. Mais l'enjeu de ce livre est précisément de chercher les continuités au lieu de s'arrêter aux différences, toujours plus faciles à mettre en évidence, et de se demander si la position de la France vis-à-vis de l'État d'Israël n'est pas enracinée dans une certaine lecture de la réalité juive, en somme pourquoi Israël est devenu pour la diplomatie française « le Juif des nations ».

Les archives du Quai d'Orsay, ainsi que des témoignages écrits et oraux de générations de diplomates, expliquent comment un petit nombre d'hommes hautement motivés, soigneusement sélectionnés et très talentueux, ont entretenu à l'égard des Juifs des préjugés très anciens et très classiques. Leur traduction, en termes d'action internationale, a parfois joué contre les intérêts d'une France qui se veut promoteur des Lumières, défenseur des droits de l'homme et héraut du droit international.

1

Le Quai d'Orsay

Le Quai d'Orsay occupe un remarquable et splendide bâtiment construit dans le style opulent du xixe siècle parisien, rive gauche, tout près de l'Assemblée nationale. L'architecture comme le lieu le proclament : ici, des hommes d'une intelligence exceptionnelle tiennent en main le destin de la nation. Par tradition, les diplomates français aiment à se piquer de littérature, ce qui les autorise à postuler, au terme d'une carrière comblée, à l'Académie française. On ne compte plus les Mémoires d'initiés, qui ont décrit la cérémonie du thé de cinq heures au cours de laquelle les hauts fonctionnaires du Quai, à la grande époque, se retrouvaient pour échanger leurs vues. Toute une littérature de diplomates rappelle avec nostalgie l'atmosphère de club fermé qui régnait ici autrefois, apparemment pour toujours.

Quelques-uns parmi les ministres des Affaires étrangères, tels Théophile Delcassé et Raymond Poincaré, ont su avec habileté imposer à la fois leur personnalité et leurs objectifs politiques. La majorité cependant n'a fait que passer, le plus souvent avec une déconcertante rapidité. Cette instabilité récurrente a renforcé les limites et la particularité du Quai d'Orsay : on ne compte pas moins de trente ministres des Affaires étrangères entre septembre 1870 et août 1914, et le roulement n'est pas moins rapide durant la IVe République. Seule la Ve verra une sorte de stabilisation. Les présidents du Conseil successifs n'ont pas peu contribué à dévaluer la position du ministre des Affaires étrangères en s'attribuant tout ou partie de ses pouvoirs. En contrepartie, il leur fallait s'appuyer sur les fonctionnaires du Quai, notamment sur le secrétaire général, également appelé directeur politique, qui était chargé du fonctionnement du ministère dans son ensemble : il n'y a eu entre 1870 et 1914 que treize directeurs politiques. Vers la fin du XIXe siècle, la France avait juste dix ambassades, toutes dans les capitales des grandes puissances de l'époque. Entre 1900 et 1939, seuls quatre-vingt-neuf ambassadeurs furent nommés.

Le personnel du ministère se composait de membres cooptés issus de l'aristocratie. Un revenu privé minimum de 6 000 francs par an — une somme assez considérable pour l'époque — était requis. Des examens d'entrée furent introduits en 1894 mais, comme les autres réformes depuis, celle-ci ne servit guère qu'à perpétuer le sentiment de caste en vigueur au Quai, transmis de génération en génération. L'expression «la Carrière» a toujours été synonyme du métier de diplomate, ce qui suggère qu'il n'en existait aucune autre envisageable pour ceux qui l'avaient choisie. Pour de nombreux monarchistes, la diplomatie, comme le métier des armes, était un moyen de continuer à servir la France sans servir la République[a]. Le titre d'«ambassa-

a. «Le Quai d'Orsay apparaissait donc bien comme l'asile suprême où il restait encore loisible à de galantes gens de travailler pour la patrie française», explique, à propos de l'entre-deux-guerres, le diplomate J.-B. Barbier dans *Un*

deur de France» désigne alors un rang irrévocable reconnu par des privilèges sociaux et financiers [a]. Harold Nicolson, diplomate britannique présent lors de la conférence de Paris qui prépara les traités de paix à l'issue de la Première Guerre mondiale, et membre d'un comité de travail au Quai, fascinait Marcel Proust par son récit des coteries, des rites et rituels de pouvoir et d'exclusivité. «Vous descendez au Quai d'Orsay. Vous montez l'escalier. Vous entrez dans la Salle. Et alors ? Précisez, mon cher, précisez», ne cessait de lui demander l'écrivain.

Au fil des générations les Cambon, Herbette, Margerie, François-Poncet et Courcel n'ont été rien de moins que des dynasties de diplomates. Gabriel Hanotaux, deux fois ministre des Affaires étrangères vers la fin du XIXe siècle, également auteur prolifique de plusieurs ouvrages sur l'histoire de France, se félicite dans ses Mémoires, *Mon temps*, de ce que «le ministère fait corps. C'est une sorte d'Académie fermée». H. B. Haynes, dans son étude *The French Foreign Office and the Origins of the First World War*, a parfaitement saisi l'état d'esprit de ces hommes, lorsqu'il écrit que l'entrée au Quai à cette époque était soumise au «népotisme, au patronage, et à une tendance politique catholique hostile aux Juifs et aux protestants tout comme au système parlementaire».

---

frac de Nessus (Rome, 1951, p. 27). Loin de la «nausée de la politique intérieure (...) le diplomate doit être du parti des sans-parti, le parti de la France», pour l'ambassadeur Saint-Aulaire, dans *Je suis diplomate* (Paris, 1954, p. 26 *et sq.*).

a. «Les textes officiels établissant l'accès à la Carrière sont les seuls, dans toute la réglementation administrative du XIXe siècle, à reconnaître très explicitement un rôle à la naissance et à la fortune (...). Lorsque, sous la IIIe République, la condition [de fortune] disparaîtra des textes officiels, elle continuera pourtant à jouer dans la pratique» (J.-B. Duroselle [dir.], *La Politique étrangère et ses fondements*, Paris, 1954, p. 147).

2

Les Juifs selon le Quai d'Orsay

Damas, 1840. La rumeur se répand qu'un moine capucin italien, le père Thomas, et son serviteur arabe auraient disparu. La réaction immédiate du consul de France, le comte Ulysse de Ratti-Menton, est d'accuser la communauté juive de meurtre rituel.

Il convainc le gouverneur ottoman non seulement d'arrêter un certain nombre de Juifs, mais aussi de prendre en otage des enfants juifs. Certains des prisonniers mourront sous la torture, d'autres se convertiront à l'islam. L'interprète et chancelier du consulat, Jean-Baptiste Baudin, soutenait Ulysse de Ratti-Menton sans réserve, tandis que deux membres du consulat d'Alexandrie, Adrian-Louis Cochelet et le comte Maxime des Meloises, formaient de leur côté un groupe de pression indépendant et insistant.

Dans son livre *The Damascus Affair*, Jonathan Frankel donne un remarquable compte rendu de ce scandale qui a secoué l'Europe de l'époque. On y voit Adolphe Thiers, alors président du Conseil, bien trop intelligent pour croire à ce mythe médiéval tel qu'il est rapporté par ses agents, se sentir néanmoins obligé de protester à la Chambre des députés contre les Juifs qui, plus puissants qu'ils ne prétendent

l'être, «assaillent de leurs requêtes toutes les chancelleries»
de par le monde. Adolphe Thiers est un cynique consommé.
Ses raisons pour ne pas étouffer la calomnie tiennent,
selon Jonathan Frankel, à la partie diplomatique qui se
joue alors au sein de l'Empire ottoman en décrépitude et
dont il espère tirer avantage — un schéma de pensée que
la diplomatie française saura fidèlement reproduire dans
le futur.

Ulysse de Ratti-Menton refusera jusqu'au bout de se
désavouer, et sera toujours défendu par le Quai d'Orsay.
Quant à l'accusation chrétienne médiévale de meurtre
rituel, elle est devenue une constante dans les médias
arabes.

En octobre 1893, Paul Frédéric-Jean Grunebaum se rend
à un rendez-vous au bureau du personnel du Quai. Selon
un document conservé dans les archives, «M. Grunebaum
est un israélite; il exprime le désir de savoir, dans sa
demande d'admission sur épreuve, si ce fait est d'ordre à
lui interdire l'accès à une carrière diplomatique ou consulaire». On trouve dans la marge cette annotation suivante
de la main de Louis Herbette, alors secrétaire général :
«J'ai vu M. Grunebaum, qui a spontanément retiré sa
requête. Il est effectivement quelqu'un de distingué et à
recommander hautement. Il s'est incliné de bonne grâce
face aux motifs dictant la décision du ministère[3].» Les Juifs
sont à l'époque considérés par des gens tels qu'Édouard
Drumont et le marquis de Morès comme des éléments
étrangers infiltrant secrètement la société française. Il faut
leur résister ou, mieux encore, s'en purger. Partie inté-

grante de cette campagne, la gazette *L'Indicateur israélite* publie en 1897 une liste des seize Juifs qui, au cours des années précédentes, ont été consuls de France dans des villes dont la liste va de Kansas City à Curaçao. Une seconde liste énumère les vingt-deux Juifs étrangers attachés d'ambassade et membres des consulats. En octobre 1918, cependant, un magazine titré *Pro-Israël* annonce pour la première fois l'accession d'un Juif, Gaston-Camille Kahn, consul général à Shanghai, à la fonction de ministre plénipotentiaire au Siam. Un abîme sépare encore la carrière consulaire, strictement administrative, de « la Carrière ».

Un autre dossier non moins révélateur contient des lettres adressées en 1895 par Paul Blanc, consul de France à La Canée (Crète), à Gabriel Hanotaux alors ministre des Affaires étrangères. Au cours d'une partie de chasse l'un des invités du diplomate, un Britannique dénommé Almond, a contracté une maladie mortelle et Paul Blanc deux ans plus tard a épousé sa veuve. Une vieille dame installée sur l'île, Mme Schwartz, a publié à cette occasion un pamphlet accusant Blanc d'avoir empoisonné Almond. Il semble avoir suffi à Paul Blanc, pour sa défense auprès de Gabriel Hanotaux, de préciser que « cette Mme Schwartz est juive allemande, et qu'elle conspire avec d'autres Juifs, tous sans doute à la solde de l'Empire ottoman ».

C'est en 1904 que Jean-Baptiste Barbier rejoint le service diplomatique avant de s'élever jusqu'au grade d'ambassadeur. On peut lire dans ses Mémoires, *Un frac de Nessus*, publiés en 1951, que « notre carrière ne comptait point de Juifs parmi ses membres, pour ce qui concernait du moins ses cadres supérieurs et essentiels ». Les Juifs, ajoute-t-il, appartiennent à «un élément ethnique fréquemment parasitaire par rapport à l'ensemble de la nation et la façon dont certains sont parvenus à pénétrer les échelons supérieurs est désastreuse». Le Quai administre au début du siècle un certain nombre de programmes culturels au travers de son Service des œuvres françaises à l'étranger. Dans les années 30, Jean-Baptiste Barbier, dont la paranoïa antisémite perce, déclenche une campagne passionnée contre son directeur, Jean Marx, modèle du «Juif antinational» cooptant des coreligionnaires peu dignes de confiance, sinon franchement traîtres, et soutenus par la «juiverie internationale». Jean-Baptiste Barbier figurera parmi les quelques épurés de 1944.

Antinational est alors un euphémisme pour «Juif», passé dans l'usage courant lors de l'affaire Dreyfus. Le complot visant à accuser Alfred Dreyfus de trahison avait été ourdi au ministère de la Guerre et le Quai d'Orsay, en tant qu'institution, était resté à distance. En 1894, lors de la condamnation du capitaine le ministre des Affaires étrangères, Gabriel Hanotaux, s'adressant à l'ambassadeur allemand avait déclaré l'affaire close une fois pour toutes.

La responsabilité de représenter le ministre devant le conseil de guerre à Rennes en 1899 revint à Maurice Paléologue. Il vit les documents, rencontra les officiers qui avaient confectionné les faux. Incontestablement brillant, Maurice Paléologue était aussi trop subtil et fuyant pour se laisser coincer. Lorsque Mme Saint-René Taillandier, épouse de l'un de ses éminents collègues, fait valoir auprès de lui sa conviction de l'innocence d'Alfred Dreyfus, la réponse de Maurice Paléologue est à la fois allusive et négative : «Je ne le pense pas coupable[a].» Observant le visage d'Alfred Dreyfus à l'approche du verdict, il croira néanmoins pouvoir y détecter un trait antique spécifiquement juif : «Une immense fierté sous un masque d'humilité.»

Peu d'hommes ont marqué le Quai d'Orsay d'une empreinte aussi profonde que Paul et Jules Cambon, fortes personnalités au cœur de la diplomatie de leur temps. Né en 1843, Paul Cambon est vingt-deux années durant ambassadeur à Londres, et l'un des principaux architectes de l'Entente cordiale avec le Royaume-Uni. Jules, de deux ans son cadet, est quant à lui en poste à Washington pendant sept ans. Tous deux se sont investis dans les affaires arabes, Paul lorsqu'il était résident général en Tunisie, Jules lorsqu'il était gouverneur général d'Algérie. Paul Cambon voit en Alfred Dreyfus le Juif traître par essence[b], et ne change d'opinion qu'après le début de la procédure d'appel. C'est un homme extrêmement sophistiqué, qui avait accès aux principaux moyens d'information. Dans une lettre du 19 mars 1900, il peut néanmoins pointer d'un doigt accusateur «la prodigieuse influence internationale des Juifs; ils sont maîtres de la paix et de la guerre».

a. Chargé des affaires réservées au Quai d'Orsay, c'est-à-dire des questions de renseignement, depuis 1886, Maurice Paléologue est très tôt convaincu de l'innocence du capitaine. Il avoue dans son *Journal de l'affaire Dreyfus* (Paris, 1955, p. 105-106) : «D'instinct, je n'aime pas les Juifs, mais je répugne à l'antisémitisme parce que j'en vois de trop près l'iniquité, les aberrations et les vilenies.» Suivant les conseils de Gabriel Hanotaux et par prudence diplomatique, il refusera donc toujours de s'engager en faveur d'Alfred Dreyfus. On retrouve le même silence chez Théophile Delcassé.

b. À la mort de Jacques de Reinach dont il a soutenu un projet de chemin de fer en Turquie, Paul Cambon écrit : «Avec ses défauts de Juif, il avait de grandes qualités» (d'après L. Villate, *Paul et Jules Cambon*, thèse 1999, t. II, p. 566).

Comme nombre de ses collègues, Jules restera de son côté persuadé de la culpabilité d'Alfred Dreyfus jusqu'au bout. Un autre ambassadeur, Auguste Gérard, qui apprécie la société des Juifs berlinois, résume dans ses Mémoires l'attitude de tous ceux qui se sont montrés incapables d'abandonner leurs préjugés. Les antidreyfusards, pense-t-il, « se sont tout naturellement trouvés être les défenseurs de notre nationalité, de notre patrie. Ils ont été à cet égard les vrais représentants de la France et de son génie[4] ».

Contemporains de l'Affaire, les pogroms dans la Russie tsariste donnent également lieu à leur lot de commentaires. De Maurice Bompard par exemple, ambassadeur à Saint-Pétersbourg entre 1902 et 1908, et l'un des fonctionnaires les plus estimés par ses collègues, on peut lire dans un rapport d'août 1903 : « Je passe sous silence les troubles antijuifs comme ceux qui se sont produits à Kichinev (…) parce que ces désordres sont, pour ainsi dire, les contreparties des désordres agraires. La population juive, si mal traitée en Russie, engagée dans de perpétuelles hostilités avec les autorités russes, est une pépinière de nihilistes et d'agitateurs.» Comment nier la véracité de cette dernière remarque ? Comment ne pas en conclure qu'elle justifie les pogroms ?

Une année plus tard exactement, s'adressant au ministre des Affaires étrangères Théophile Delcassé, il compare les Finnois, «ce peuple sage et calme», aux Juifs «détestés et indispensables [économiquement] à la fois, eux-mêmes haineux, [qui] rançonnent le peuple et sapent l'autorité[5] ». Quelle différence entre Paul Cambon qui constate «l'agitation semée partout contre la Russie par les Juifs» et

Georges Louis, directeur des affaires politiques succédant à Maurice Bompard, qui ne cache pas sa compassion à l'égard des Juifs russes persécutés[6] !

Maurice Paléologue devait remplacer Maurice Bompard à Saint-Pétersbourg et on peut trouver d'importants témoignages de première main sur la fin du tsarisme et la révolution bolchevique dans ses nombreux livres et Mémoires. Il a d'ailleurs parfaitement compris que ces persécutions ne sont que l'exutoire inventé par le pouvoir pour «dériver les passions publiques». La politique tsariste envers les Juifs, écrit-il, semble imaginée de toutes pièces pour «entretenir parmi ses ressortissants hébraïques, leurs défauts héréditaires et leurs mauvaises passions, pour exaspérer leur haine des Gohim [sic], pour les enfoncer dans leurs préjugés talmudiques, pour les affirmer dans leur état permanent de rébellion intérieure, pour faire briller sans cesse devant leurs yeux l'espoir indestructible des réparations promises et qui, cette fois, ne tarderont pas (…). La rancunière et vindicative opiniâtreté de l'âme juive ne pouvait rencontrer un climat plus favorable[7]». Malgré la qualité des soldats juifs dans l'armée russe, «il ne se passe pas de jour où, dans la zone des armées, on ne pende quelques Juifs, sous le plus futile prétexte d'espionnage». En 1915, il envoie, résigné, ce télégramme laconique : «Depuis le début de la guerre, les Juifs russes n'ont eu à se soumettre à aucune violence collective (…). Dans la zone des opérations quelques centaines de Juifs ont été pendus pour espionnage : rien de plus[8].»

3

L'élément catholique

C'est dans la deuxième partie du XIXe siècle que les Français établissent leurs positions en Afrique du Nord ainsi que dans les provinces de l'Empire ottoman : Syrie, Liban, et ce que les Européens appellent généralement la Terre sainte. Dans ce dernier cas, le processus est lent, progressif, le plus souvent il est le fruit des volontés individuelles de pieux philanthropes. Ainsi le comte Paul de Piellat s'établit-il à Jérusalem pour acheter des terrains incluant le site où saint Pierre est censé avoir entendu le coq chanter. Il en dote l'Église catholique. Les Français établissent des hôpitaux à Jérusalem, Bethléem, Nazareth et Naplouse, ainsi que plusieurs monastères, séminaires et églises, dont une à Abu Gosh spécialement accordée par le sultan ; ils possèdent et entretiennent la ligne de chemin de fer Jérusalem-Jaffa. Selon une autorité en la matière, Pierre Guillen, le Levant compte alors cinq mille écoles françaises pour quatre-vingt mille élèves. Un autre spécialiste cependant, Jacques Thobie, estime quant à lui qu'au début de la Première Guerre mondiale le nombre maximum de Français installés en Terre sainte ne dépasse pas cent cinquante à deux cents personnes. Le Crédit Lyonnais ouvre sa branche hiérosolymitaine en 1895, et Jacques Thobie cite l'un de ses inspecteurs, qui se plaint de ce que la ville «est un tombeau où l'on meurt d'ennui».

En 1888, le Vatican décrète que les catholiques et leurs institutions en Terre sainte sont placés sous la seule protection de la France. Jules Ferry, le plus impérialiste des politiciens français, soutient que «ce protectorat de chrétiens d'Orient fait, en quelque sorte, partie de notre domaine méditerranéen (...) une tradition sérieuse, une puissance morale». Il faut contrer les Britanniques, qui au même moment consolident leurs positions en Égypte. À travers son protectorat catholique, la France est la seule puissance européenne «capable d'agir, sans démêlé fatal, côte à côte, avec le monothéisme musulman», selon l'avis de Gabriel Hanotaux.

L'anticléricalisme de la gauche, et la rupture des relations diplomatiques avec le Vatican, brise net ces appels à la tradition et au pouvoir moral. Le gouvernement se met à attaquer le plus puissant couvent français de Jérusalem, le monastère Notre-Dame, en raison de sa continuelle opposition au capitaine Dreyfus y compris après que son innocence a été établie. Dans le même temps, paradoxalement, l'Allemagne, l'Italie et la Russie imitent la France comme en une sorte d'hommage, et adoptent à leur tour ce mode d'expansion par la foi et les institutions religieuses. Ainsi la visite en Palestine de Guillaume II en 1898 se présente-t-elle ouvertement comme un défi. À Jérusalem, bénédictins français et allemands sont en conflit ouvert. Des traités signés en 1901 avec le sultan, et en 1913 avec les Jeunes-Turcs, confortent la position privilégiée de la France en Terre sainte. Ils posent également les fondations d'un projet visant à faire de la France une «puissance musulmane».

Un comité de l'Asie française est fondé en 1901. Un autre comité des intérêts français en Orient voit le jour huit ans plus tard, afin de développer «notre position morale, économique et politique en Orient». Parmi ses membres figurent un ancien président du Conseil, Alexandre Ribot, et Raymond Poincaré, futur président de la République. En 1912, Maurice Pernot reçoit mission de visiter plusieurs provinces turques et le rapport qu'il fait de son expédition entraîne l'extension politique et économique du protectorat français[a].

On ne saurait comprendre l'obsession constante d'une instrumentalisation des sionistes par le Royaume-Uni (jusqu'à la naissance de l'État d'Israël) développée par le Quai d'Orsay sans prendre en compte l'élément catholique. Comme l'écrit l'ambassadeur Puaux : «Tandis que nous nous complaisions dans le rôle d'héritiers des croisés, obscurément remués par la conscience de je ne sais quel devoir envers la chrétienté, les Britanniques ne songeaient qu'à occuper des bastions pour protéger l'Égypte, le canal et les Indes[9].»

a. Dans son ouvrage *La France et les chrétiens d'Orient* (Paris, 1939), l'ambassadeur François Charles-Roux accomplit le tour de force de raconter les croisades sans mentionner une seule fois les massacres de Juifs, et de décrire la Terre sainte contemporaine sans non plus mentionner les Juifs tant ils sont négligeables à ses yeux.

4

Le mythe du sionisme
contre les intérêts français

L'irruption du sionisme politique sur la scène internationale a pour conséquence de renverser complètement la vision particulière que l'État français se fait des Juifs et de leur place. Les diplomates français en poste en Europe centrale et orientale expriment rapidement leur désarroi, et se mettent en quête d'explications pour comprendre ce développement fâcheux. En juin 1902, décrivant depuis la légation de Bucarest l'arrivée dans la ville de Bernard Lazare, polémiste talentueux, Juif français et sioniste, L. Descoy parle de «l'extrême enthousiasme» avec lequel les communautés juives l'ont accueilli, enthousiasme attisé par le journal *Adevarul*, «feuille très répandue à tendances avancées, et dont les principaux rédacteurs sont israélites. (…) Il en résulte que le faible groupe représentant l'opinion roumaine, toujours si susceptible quand la question juive est en jeu, et qui était cependant resté calme durant le séjour de M. Bernard Lazare à Jassy, a commencé à s'agiter après l'arrivée de notre compatriote». En d'autres termes, si la visite de Bernard Lazare réveille l'antisémitisme, les Roumains s'en prendront aux Français.

À Budapest, le vicomte de Fontenay, du consulat, rapporte,

en août 1906, que l'apparition du sionisme passe, de façon compréhensible, aux yeux de la population magyare pour un « nouveau nuage », probablement destiné à « s'assombrir avec le temps ».

En février 1911, Max Chouttier, consul à Salonique, se fait l'écho d'articles antisionistes publiés par la presse officielle. Il en profite pour donner son avis. Ces articles « devraient fournir aux communautés juives l'occasion de méditer et les encourager à s'opposer à la propagande germano-sioniste », écrit-il avant de poursuivre une analyse dont il est assuré qu'elle suscitera un écho chez ses collègues : « Consciemment ou inconsciemment les sionistes deviennent aujourd'hui les instruments de la politique d'un gouvernement étranger ; nous voyons d'un mauvais œil cette ingérence même occulte dans nos affaires [a][10]. »

Dans son commentaire sur un mémorandum concernant le rôle à Salonique de l'Alliance israélite universelle, jadis admirée par Paul Cambon en Tunisie[11], G. Deville croit mettre au jour les vraies ambitions de l'Alliance lorsqu'il écrit que, si son directeur parisien est « peut-être un bon Français, ses coreligionnaires de Salonique ne songent qu'à se servir de la France et nullement à la servir (...). Dans ces conditions, avons-nous bénéfice à nous mettre les Grecs à dos pour le plaisir de flatter l'orgueil juif[12] ? ».

On retrouve partout la même image, sans doute réaliste, de ces Juifs « sordides et vermineux dans leurs lévites cras-

---

a. G. Deville, ministre à Athènes, propose donc de défendre l'identité grecque contre l'influence juive à Salonique. En avril 1913, Paul Cambon explique à son frère Jules « que la révolution turque est partie de Salonique, qu'elle a été organisée, payée et entretenue par les Juifs ou les musulmans d'origine juive et tous affiliés à la franc-maçonnerie » (P. Cambon, *Correspondance*, Paris, 1946, t. 3, p. 46).

seuses[13]», sous la plume de l'ambassadeur Patenôtre et dans de nombreux récits de voyage écrits par des diplomates. Mais de la description physique à la description morale, le pas est souvent vite franchi. En 1918, Graillet, successeur de Max Chouttier, se doit pourtant de reconnaître que les israélites de Salonique ont bien raison d'espérer une internationalisation de la ville tant le gouvernement grec y agit « avec une absence complète de scrupules et d'esprit d'organisation[14]» en y soutenant les Grecs contre les Juifs… Le raffiné Louis Bertrand, un autre diplomate écrivain, donna dans *Le Mirage oriental* (1910) un compte rendu de sa visite en Palestine. Un chapitre éloquemment titré « La déplaisance du Juif» décrit les Séfarades comme une aristocratie par rapport à toutes les personnes déplaisantes qu'il croisa. Il les décrit « vêtus d'un costume hybride, semi-européen, semi-oriental, malpropres, le regard torve, la mine circonspecte et effarouchée, ils offrent les stigmates non équivoques de leur long esclavage (…) on retrouve chez eux toute l'obstination et toute l'intransigeance de leur race (…) hordes affolées de misère et de mysticisme[15].»

La *Confession d'un vieux diplomate* publiée en 1953 par le comte de Saint-Aulaire ne perd pas non plus la moindre occasion de dénigrer les nombreux Juifs rencontrés durant une longue carrière. Si les Marocains ont peut-être eu raison de piller le quartier juif, écrit ce vétéran du Quai d'Orsay alors vice-consul, c'est que les Juifs sont des «sangsues» qui se sont nourries à leurs dépens. «Le véritable drame était (…) au Mellah [quartier juif, *N.d.A.*], livré à l'incendie, au pillage, au meurtre et au viol, à l'enlèvement des femmes et enfants. Pour nous Français, le drame était surtout dans le massacre et le martyre de nos officiers instructeurs dont plusieurs étranglés avec les boyaux de leurs camarades éventrés», rapporte-t-il. Quelques Juifs supplièrent Auguste de Saint-Aulaire, arrivant sur un croiseur français, de les sauver. Le diplomate accepta mais le commandant du vaisseau refusa. Auguste de Saint-Aulaire n'insista pas et ils furent renvoyés vers le pogrom. Plus tard, ce sont les Juifs qui sauvèrent les Français en offrant aux assaillants des proies plus intéressantes[16].

Toujours selon le comte de Saint-Aulaire, en Russie la presse révolutionnaire était aux mains des Juifs et des germanophiles «qui ne pardonnent pas à la Roumanie de soumettre leurs coreligionnaires à un régime d'exception afin de ne pas devenir le dépotoir de tous les ghettos russes[a][17]». D'après lui, Léon Blum est «un agent allemand», et Arthur Balfour, ministre britannique des Affaires étrangères et célèbre sioniste, lui a confié que dans n'importe quel foyer national, les Juifs vivront aux crochets des israélites riches de la diaspora tels des parasites. Pour Auguste de Saint-Aulaire comme pour tous les diplomates français jusqu'en 1947 pratiquement, tous les Juifs d'Europe centrale jouent l'Allemagne gagnante «à la bourse des peuples», et le foyer national juif était évidemment un «faux nez de l'impérialisme britannique[18]».

En octobre 1911, depuis l'ambassade de Londres, Paul Cambon écrit à son frère Jules à propos de «l'agitation

---

a. Le Quai d'Orsay a reçu en janvier 1919 une note du renseignement militaire confirmant l'authenticité des *Protocoles des sages de Sion* et assurant que la révolution russe «fut lancée et fomentée par des influences distinctement juives» (MAE-CPC/Z-Europe/URSS/1918-1919, vol. 128).

antirusse propagée partout à présent par les Juifs». Il fait état d'un vague et invisible complot entre *Le Correspondant*, journal catholique, le polémiste Lucien Wolf, «un talentueux Juif allemand», et la presse de Vienne, ville «où nous savons que les journaux sont aux mains des Juifs». En avril 1913, toujours dans une lettre à son frère, il affirme avoir reçu «un comité israélo-macédonien», un lobby militant pour une Macédoine indépendante. Il voit là une conséquence indirecte de la révolution des Jeunes-Turcs, dont il pense qu'elle «a été organisée, financée et conduite à son terme par les Juifs, ou par des Juifs d'origine musulmane, tous affiliés à la franc-maçonnerie». On retrouvera ce poncif inchangé dans la littérature de propagande islamiste quelque cent ans plus tard, à la fin du xxᵉ siècle et au début du xxıᵉ siècle.

En Terre sainte même, les implications du sionisme, concurrent direct de l'expansionnisme et du protectorat catholique français, dépassent de loin celles qu'elles peuvent avoir en Europe. La réaction spontanée des diplomates français est double : mépris sans fard d'un côté, soutien du nationalisme arabe naissant de l'autre. Najib Azoury, un maronite de Beyrouth, ex-employé de la bureaucratie ottomane à Jérusalem, s'est enfui au Caire dans des circonstances mystérieuses, il est jugé et condamné à mort par contumace. Finalement réfugié à Paris, il écrit sur les bords de la Seine un pamphlet intitulé *Le Réveil de la nation arabe*, dans lequel il prédit une guerre entre Juifs et Arabes qui ne s'achèvera que par l'élimination de l'un des deux peuples. Le Quai apparemment subventionne la revue qu'il éditera en 1907, *L'Indépendance arabe*. Il sponsorise également, en juin 1913, un meeting qui réunit à Paris vingt-trois Arabes venus de Syrie et de Terre sainte et lance de fait le mouvement nationaliste arabe.

La Première Guerre mondiale précipite l'écroulement longtemps annoncé de l'Empire ottoman. Deux petits groupes de spécialistes s'attachent à gérer les conséquences de la nouvelle donne au Moyen-Orient : les hommes de la direction politique et de la sous-direction de l'Asie du Quai d'Orsay, ainsi que les membres des deux comités représentant les intérêts coloniaux, le comité de l'Asie et le comité de l'Orient. Le personnel se chevauche. Philippe Berthelot, à l'époque directeur politique du Quai, est, avec son énergique subordonné Robert de Caix, membre du comité de l'Asie. Hommes d'expérience, cultivés, incontestablement patriotes, tous deux s'accordent sur le diagnostic : la France, qui contrôle déjà les côtes occidentales arabes de la Méditerranée, peut désormais y ajouter les côtes orientales, appelées par ces experts « la Syrie intégrale », laquelle comprend la Syrie proprement dite, le Liban et la Terre sainte. Toute la question pour eux est de savoir quel outil convient le mieux à cet objectif, du nationalisme arabe ou du sionisme.

En 1915, François Georges-Picot, ancien consul à Beyrouth, est rappelé au Quai d'Orsay pour s'occuper de ces questions. Il se persuade assez vite qu'un accord a été trouvé lors des négociations secrètes de 1916, au cours desquelles sir Mark Sykes, un parlementaire conservateur représentant le Royaume-Uni, a accordé à la France pleine possession de la Syrie orientale. Selon François Georges-Picot, « 95 % de la population française sont fortement en faveur de l'annexion de la Palestine par la France ». Les Allemands s'apprêtent alors, pense-t-on, à publier un communiqué soutenant le sionisme. Cela ne manquera pas de faire basculer les Juifs russes de leur côté, et cela, en retour, aura une incidence sur l'issue de la guerre. À Londres, pendant ce temps, Paul Cambon a de son côté identifié un « fort parti de financiers judéo-allemands[19] ». Les Juifs américains sont suspectés d'une influence similaire : André Tardieu, haut-commissaire aux États-Unis, futur membre du Conseil des Dix à Versailles et qui sera par la suite président du Conseil, écrit au ministre des Affaires étrangères Stephen Pichon qu'il faut prendre en compte le droit des Juifs à l'autodétermination, sous peine de voir « certains éléments de la juiverie américaine[20] » perdre tout intérêt à la reconquête de l'Alsace et de la Lorraine par la France.

Libérés de l'oppression tsariste, les Juifs de Pologne ont naturellement bien accueilli les troupes allemandes. Pour les diplomates français, c'est la preuve que les Juifs sont par nature les amis des ennemis de la France. Lors des épouvantables pogroms de Pologne et de Galicie, à partir de novembre 1918, l'ambassadeur de France à Washington invite donc le Quai d'Orsay à ne pas s'associer au Foreign Office qui souhaite adresser un avertissement aux Polonais afin que cessent les exactions. Mieux, le consul de France en Pologne nie d'abord leur existence pour inviter ensuite le ministère à ne pas les dénoncer ! Finalement, le directeur des affaires politiques répond à l'ambassade du Royaume-Uni que « le gouvernement de la République partage entièrement les vues du gouvernement royal sur la nécessité de mettre un terme, dans le plus bref délai, aux actes de violence qui paraissent s'être produits en Pologne contre les éléments israélites. Il se demande toutefois si une déclaration conçue dans les termes ci-dessus indiqués correspondrait exactement à la situation». D'autant que les Juifs polonais ont collaboré avec les Allemands, ont fourni des partisans au mouvement bolchevique et qu'«il est permis de penser que ce sont principalement [des] éléments d'anarchie plutôt que la population indigène qui doivent être tenus pour responsables». En somme, la lettre aux Polonais doit être adoucie ; le ministre Pichon ne la signe pas moins, mais fait en sorte de décharger les autorités polonaises de leur part de responsabilité. Dans les mois qui suivent, André de Panafieu, ambassadeur de France en Pologne, s'efforce de minimiser tous les incidents antisémites dans ses télégrammes[21].

Le 7 mai 1917, Jean Gout, chef de la sous-direction de l'Asie, chargé du suivi des provinces ottomanes, fait parvenir à Georges Clemenceau, président du Conseil, un mémorandum dans lequel on peut lire : «Les espoirs millénaires des Juifs, spécialement chez les prolétaires de Pologne et de Russie, ne sont pas socialistes, comme leur position sociale pourrait le laisser croire, ni nationaux, comme les déclarations de leurs intellectuels le prétendent, mais essentiellement talmudiques, c'est-à-dire religieux. Les pauvres diables ont été nourris de mythes de misère, qui leur font voir en Jérusalem la fin de tous les maux (…). Même les Juifs intelligents et éduqués parvenus au sommet dans des pays où les chances sont égales pour tous, chérissent depuis des générations dans un coin de leur cœur le rêve des vieux ghettos. Grâce à leurs richesses et aux liens qu'ils ont su préserver entre eux, et grâce à la pression qu'ils exercent sur des gouvernements ignorants, ils ont un poids international.»

Une proposition visant à créer un petit État juif autonome avec Hébron pour capitale et Gaza pour port fait bondir Jules Cambon dans la minute : «Ils pourraient cultiver des oranges et s'exploiter les uns les autres.» Mais, puisque les puissances se concurrencent pour obtenir les faveurs juives, la France doit en faire autant. Aussi en juin 1917 le même Jules Cambon écrit-il une lettre à la direction du mouvement sioniste pour l'assurer du soutien français à «la renaissance par la protection des puissances alliées de la nationalité juive sur cette terre d'où le peuple d'Israël a été chassé, il y a tant de siècles». Jules Cambon, qui voyait jadis dans l'affaire Dreyfus un «complot sémite[22]» et a dénoncé le rôle des Juifs américains dans le mouvement dreyfusard, est persuadé, comme André Tardieu et tant d'autres, de l'influence de la finance juive, donc du besoin de pousser les Juifs américains à faire pression sur leur gouvernement pour l'amener à rejoindre les Alliés. À l'issue de sa rencontre avec le sioniste russe Sokolow[a] et le président du Conseil Ribot, Jules Cambon formule ainsi le soutien de la France : «Le gouvernement français (…) qui poursuit la lutte pour assurer le triomphe du droit sur la force, ne peut éprouver que de la sympathie pour votre cause — le foyer national juif en Palestine — dont le triomphe est lié à celui des Alliés[b] [23].»

a. Une source, «Norbert», prévient le Quai d'Orsay contre ce révolutionnaire, défaitiste et germanophile : «C'est un homme dangereux» (d'après MAE-CPC/Z-Europe//URSS/1918-1940, vol. 128, 6 mars 1919).

b. «Mais c'était alors le haut personnel du ministère qui canalisait (…) toute la juiverie internationale pour s'en servir comme d'un moyen d'action supplémentaire dans une guerre déjà déclenchée» dans la mesure où elle avait déjà pris «position très nette contre l'Allemagne impériale», rapporte J.-B. Barbier (*op. cit.*, p. 113).

La lettre n'est pas rendue publique, et Jules Cambon regrettera de l'avoir écrite sitôt après l'avoir envoyée. Le Quai retourne ensuite à ses angoisses traditionnelles sur le sujet, produisant des notes antisionistes et bombardant les Britanniques de demandes d'abstention de toute action qui pourrait par mégarde réveiller les espoirs juifs.

En novembre 1917, Arthur Balfour rend publique une déclaration que l'histoire devait baptiser de son nom, en faveur d'un «foyer national pour le peuple juif». Il s'agit d'un soutien bien plus clair que la lettre de Jules Cambon. Le gouvernement britannique se sent manifestement autorisé à proposer et à disposer : cent cinquante mille de ses soldats ne combattent-ils pas les Turcs, là où les Français n'en ont que huit cents ? Le jour de Noël 1917, le maréchal Allenby entre dans Jérusalem en compagnie de François Georges-Picot et de son entourage. Quarante-huit heures plus tard, lors d'un pique-nique, le Français suggère d'installer l'administration civile qu'il pense avoir négociée avec Mark Sykes. Lawrence d'Arabie est présent, et la réponse méprisante d'Edmund Allenby à François Georges-Picot est l'un des passages les plus fameux de son livre *Les Sept Piliers de la sagesse*.

Le 27 décembre 1917, dans une lettre à Stephen Pichon, Aimé de Fleuriau, conseiller à l'ambassade de Londres, expose que les intellectuels juifs de la London University sont largement responsables du sionisme. Selon lui le sionisme est destiné à séduire les Juifs pauvres, dont les enfants ont cependant presque tout oublié de la religion et sont antimilitaristes, «leur atavisme ne les préparant pas au métier des armes». Les Juifs riches sont hostiles à la déclaration Balfour, précise-t-il deux jours plus tard, mais selon l'opinion enthousiaste des Juifs pauvres et des immigrants «la race israélite [est] supérieure à toutes les autres; elle [possède] des colonies dans tous les pays et [dominera] le monde un jour».

Un rapport non signé figurant dans les archives du Quai porte le titre : «La question juive et le sionisme[24]». Selon son auteur, le sionisme correspond au mysticisme des Ashkénazes russo-polonais. Les propagandistes du mouvement ont répandu leurs idées néfastes chez les autres Juifs en Algérie et au Maroc, s'efforçant de les enrôler et de les organiser. «Cette propagande est d'autant plus dangereuse qu'elle cherche à exploiter la rivalité des grandes puissances.» Le gouvernement espagnol fait déjà valoir certains droits spéciaux sur les Juifs séfarades des possessions françaises d'Afrique du Nord, précise l'auteur, qui ne manque pas de délivrer quelques conseils classiques : «Notre politique juive en Afrique du Nord est nécessairement liée à notre politique musulmane, nous devons éviter le nationalisme juif tout autant que le panislamisme et le panarabisme, en favorisant une longue et prudente évolution en direction de notre civilisation.»

En 1919, le ministre des Affaires étrangères Stephen Pichon donne instruction à Paul Cambon de rappeler aux Britanniques que la propagande sioniste ne doit pas causer de troubles au Moyen-Orient : «Il importe surtout que les autorités alliées s'abstiennent de tous actes ou déclarations de nature à faire concevoir aux Juifs des espérances irréalisables; l'attitude de l'Entente doit notamment faire entendre aux sionistes qu'il ne saurait être en aucun cas question de constituer en Palestine un État israélite indépendant ni même de former un organisme israélite souverain dans une partie de cette région.» Or, au début du siècle, Paul Cambon a défendu auprès du sultan le droit des Juifs algériens[a] à émigrer en Palestine. Dans sa réponse à Stephen Pichon, trois jours plus tard, il fait part de son incrédulité quant à une conversation qu'il vient d'avoir avec Arthur Balfour, lequel, dans son style dilettante et éclectique, a fait remarquer qu'il serait «intéressant d'être présent à la reconstitution du royaume de Jérusalem». À Paul Cambon s'effrayant que «d'après l'Apocalypse, la reconstitution du royaume de Jérusalem sera le signal de la fin du monde», Arthur Balfour a répliqué : «Eh bien ce serait encore plus intéressant[25].»

À cette date, la France, après la brève parenthèse de la déclaration de Jules Cambon, vite oubliée, a choisi le camp de l'antisionisme. L'antisémitisme des diplomates du début du siècle est finalement d'une grande banalité au regard des préjugés de leur temps. Mais c'est bien le problème : à force de percevoir le Juif comme un mendiant ou un mercanti de bas étage abîmé dans un mysticisme imbécile, la diplomatie française n'a pas compris la nature du mouvement sioniste. Il est perçu au mieux comme une utopie religieuse qui n'a pas sa place dans un XXe siècle rationnel, au pire comme un complot des ennemis de la France — car par définition le Juif ne peut être qu'un ennemi de la France, d'abord dans sa guerre contre les empires centraux, ensuite dans son projet de grande Syrie.

a. Citoyens français depuis le décret Crémieux de 1870.

5

L'entre-deux-guerres

Le traité de Sèvres signé après la Première Guerre mondiale établit le statut des anciennes provinces ottomanes. La France aura mandat sur la Syrie, qui correspond aux territoires de la Syrie et du Liban actuels, mais non sur «la Syrie intégrale», la Palestine étant incorporée au mandat britannique. Les Anglais sont chrétiens, aussi la France doit-elle renoncer à la lettre de son protectorat catholique sur la Terre sainte. Elle ne renonce cependant pas à en préserver l'esprit, comme en atteste par exemple un journal catholique, *L'Œuvre d'Orient*, selon lequel «il serait inadmissible que le "pays du Christ" devienne la proie de l'hérésie juive et anglo-saxonne. Il doit demeurer l'héritage inviolable de la France et de l'Église[26]». Les diplomates en sont conscients : «Nos communautés (...) fondent (...) maintenant tout leur espoir sur le maintien du protectorat catholique français pour sauvegarder le catholicisme appelé à être battu en brèche par l'élément juif ou protestant», écrit en 1921 le consul de France à Haïfa. «Or, en Palestine, "catholicisme" est l'équivalent d'"influence française"[27]. » Pour tenter de maintenir cette influence, le Quai d'Orsay ne doit jamais cesser de jouer un camp contre l'autre à chaque niveau. La légation du Guatemala rapporte ainsi, le 16 août 1919, le retour prochain dans son foyer à Bethléem de Miguel Aboularach, un dignitaire de la communauté syrienne locale, et membre de l'Association antisioniste de New York : « À cet égard, note la légation, il doit être écouté avec intérêt[28].»

À partir de 1919, les diplomates français en poste en Palestine expliquent continûment à leur hiérarchie que, d'une part, les Arabes ne supporteront jamais une souveraineté juive dans la région et que, d'autre part, ceux qui habitent le nord du pays souhaitent être rattachés à la Syrie, c'est-à-dire à la zone d'influence française. Cause arabe et cause française sont ainsi présentées comme profondément liées, alors qu'il ne s'agit que de fantasmes diplomatiques. Le Quai d'Orsay invente ainsi en Palestine un camp islamo-catholique où les chrétiens arabes ont leur place, contre un camp anglo-sioniste, comme si les Britanniques avaient épousé la cause nationale juive[29]...

À l'automne 1919, les troupes britanniques se retirent de Syrie, laissant la place au général Henri Gouraud qui fait son entrée à Damas en octobre afin d'y prendre les fonctions de haut-commissaire. Ancien collaborateur du maréchal Lyautey au Maroc, et commandant victorieux sur le front occidental durant la Première Guerre mondiale, Henri Gouraud croit en la mission colonisatrice de la France. Son secrétaire général est Robert de Caix qui sera plus tard le représentant de la France à la Commission des mandats de la Société des Nations entre 1923 et 1939. Peter A. Shambrook le décrit comme l'*éminence grise*[a] du Quai sur la

a. En français dans le texte (*N.d.T.*).

question du Levant. Robert de Caix, suivant la stratégie désormais classique du ministère, favorise la politique d'affrontement des minorités pour asseoir la suprématie de la France. Le nombre minuscule de nationalistes arabes prêts à résister est rapidement dispersé par les troupes françaises et leurs auxiliaires marocains lors d'un accrochage à Maysalun, non loin de Damas.

Déjà en novembre, lors de sa visite sur place, François Georges-Picot a fait parvenir un télégramme au Quai d'Orsay précisant que les autorités britanniques de Jérusalem ont pris conscience du mécontentement croissant des musulmans vis-à-vis des Juifs : « Cette attitude ne peut qu'être profitable à notre influence, l'irritation contre le sionisme ne faisant que croître dans les milieux musulmans de Syrie[30].» Durant les six premiers mois de l'année 1920, Henri Gouraud bombarde le bureau de télégrammes antisionistes. Musulmans et chrétiens, écrit-il, s'attendent à voir leurs conditions empirer par rapport à ce qu'ils ont connu sous les Turcs ; les sionistes « ont recruté à travers le monde entier » et n'ont pas l'intention de respecter les droits des minorités ; ils veulent au contraire imposer leur langage et, au moyen d'« habiles mesures » d'expulsion, s'emparer des emplois officiels avec l'aide du gouvernement local. Un protectorat catholique plus ferme est nécessaire. « Nous devrions sans aucun doute profiter des circonstances pour accroître la portée de ce protectorat et l'étendre aux musulmans, que nous ne pouvons laisser seuls et sans armes face aux sionistes[31].» Pour Henri Gouraud, en phase avec le Quai d'Orsay, les Juifs sont nécessairement fanatiques, et la mission de la France est bien sûr de protéger les Arabes musulmans et chrétiens de la région. Un télégramme du 18 février 1920 affirme sans ambages que la Palestine ne peut que s'enrichir de la tutelle française. Un an plus tard, en juillet, François Georges-Picot recommande même au président du Conseil Aristide Briand, favorable au projet sioniste, de recevoir Salah Bey al-Husseini, l'un des leaders du mouvement national palestinien naissant, de passage dans la capitale française afin de protester contre l'idée d'un foyer national juif[32].

La frontière délimitant les territoires placés sous mandat français et ceux placés sous mandat britannique reste floue. L'une des premières décisions de Robert de Caix est de se rendre à Jérusalem pour discuter de la question avec sir Herbert Samuel, le haut-commissaire britannique. Dans une lettre datée du 19 octobre 1920, il dévoile ce qui est déjà l'orthodoxie politique de son cercle : Britanniques et Juifs conspirent ensemble contre les intérêts français. Il se sent dès le départ personnellement insulté, car « assez médiocrement reçu », dit-il, par sir Samuel, lequel incarne « en Palestine ce qu'il convient d'appeler la politique anglo-juive ». Il poursuit : « Ce Juif anglais bien élevé, décrassé des ghettos, a été entièrement repris à Jérusalem par sa tribu et il fréquente la synagogue, n'accepte pas d'invitations le jour du shabbat et ne circule qu'à pied le jour sacré. C'est un phénomène étrange si l'on songe à l'ignominie évidente des Juifs de Galicie et autres régions voisines, qui inondent en ce moment la Palestine mais qui obligent à leurs momeries des gens comme sir Herbert. Avant d'avoir rien fait de sérieux dans le pays ces gens rêvent de s'entendre à nos dépens et vous pouvez être assuré que toute la juiverie des deux hémisphères appuiera la politique consistant à rejeter notre frontière au nord du Hauran et à la rive du Litani.»

Dans son long rapport final, Robert de Caix se réfère à ce qu'il prend pour une autre insulte personnelle : le refus de sir Samuel de se rendre à un dîner au consulat de France au motif qu'il se déroule un soir de shabbat. La politique britannique, médite Robert de Caix, a peut-être cherché à exploiter la force juive contre les intérêts français, mais en fait, c'est elle qui est exploitée par les Juifs. Ceux-ci ont infiltré l'administration. Les officiels britanniques, soit refusent prudemment de s'opposer au sionisme, soit quittent le pays par dégoût. La religion pour les Juifs n'est qu'un moyen : «Tous sont animés d'un nationalisme passionné et assoiffés de revanche.» Ils se révèlent également des voisins nocifs : «Le voisinage palestinien peut nous nuire d'une autre manière, même si le sionisme doit finir par un fiasco. L'esprit révolutionnaire et prophétique, si fréquent chez les Juifs, est devenu du bolchevisme chez nombre de colons qu'envoie à la Palestine l'Europe orientale. Par passion, et aussi par tendance instinctive à dissocier les sociétés dont la solidarité s'opposerait à leur expansion et à leur domination, ces gens seront propagandistes au Liban et en Syrie. Ils chercheront à briser les cadres traditionnels des confessions religieuses déjà menacés par d'autres causes.» La domination britannique, conclut Robert de Caix, est une sorte de spoliation, rendue possible par le seul fait que les Français se sont sacrifiés pour la cause alliée sur le front occidental. La langue et l'influence intellectuelle française sont primordiales. Quant à la preuve que la présence occidentale à Jérusalem prend une forme française, insiste Robert de Caix, on la trouve dans la porte principale de l'église du Saint-Sépulcre, «cet ogive massif et solide [*sic*] dont le style est né au XIIᵉ siècle en Île-de-France». Les sionistes ignorent le rôle joué par Jérusalem dans l'histoire de l'humanité. Robert de Caix se console finalement avec la pensée que l'avenir du sionisme reste douteux. Plus que toute autre «race», écrit-il, les Juifs ont perdu l'habitude de l'agriculture. Leur colonisation est artificielle, coûteuse, et créatrice de divisions. «Si sous le mandat anglais les populations d'origine ont tendance à réagir, il y a toutes les chances qu'ils tâcheront de maintenir, comme c'est d'ailleurs le cas en Égypte, la culture française qui garde une telle attraction[33].»

Le 3 novembre, Henri Gouraud fait parvenir à Paris ce qu'il appelle avec raison «ce remarquable rapport», auquel il ajoute sa propre opinion, selon laquelle le sionisme représente une menace pour la Syrie[34]. La perte du protectorat catholique rend la protection des institutions françaises plus essentielle que jamais, puisqu'elles sont «le bastion de notre influence». Douze jours plus tard, dans un télégramme envoyé de Beyrouth, François Georges-Picot informe le ministre que les autorités britanniques de Jérusalem prennent des mesures pour prévenir des émeutes, et avertissent les musulmans qu'ils seront responsables en cas de désordres. «Cette attitude ne peut qu'être bénéfique pour notre influence, écrit-il, tant l'irritation vis-à-vis du sionisme ne fait que croître au sein de la population musulmane syrienne.» Les consuls en Palestine mandataire envoient des messages de plus en plus alarmistes. De Haïfa, Durieux rapporte en mars 1921 que le gouvernement recrute des Juifs sans travail destinés à servir de base à une future armée juive, et que des éléments juifs et protestants coupent l'herbe sous les pieds des catholiques — c'est-à-dire de la France. En mai de la même année, il ouvre d'une phrase concise un autre rapport sur des émeutes ayant éclaté à Jaffa au cours des jours précédents : «Journée sans changement, surexcitation extrême, peu de morts et de blessés. Notre auto a été portée par la population criant "Vive la France!" "À bas les Juifs [a] [35]!" » L'image que la France souhaite donner d'elle-même est parfaitement perçue par la population.

Au même moment, Robert de Caix envoie de son côté à Aristide Briand, alors ministre des Affaires étrangères, des extraits des *Protocoles des sages de Sion*, texte «hébreu» affirme-t-il avec certitude, «communiqué secrètement à certains Juifs haut placés en Palestine». Impossible pour lui de garantir l'authenticité du document, ajoute-t-il dans une phrase qui cependant révèle sa croyance dans le complot : il est à rapprocher de renseignements reçus il y a quelques années de la sous-direction «au sujet de la préparation aux États-Unis du mouvement bolcheviste et dont il serait peut-être possible de retrouver la trace[36]».

L'interprétation totalement fantaisiste que Robert de Caix fait du sionisme va durablement influencer le Quai, où des rapports en provenance d'Afrique du Nord semblent confirmer l'alarmisme croissant. Depuis le Maroc placé sous protectorat, le maréchal Lyautey était peut-être le porte-parole le plus influent et le plus respecté de

---

a. Et non « À bas les privilèges juifs » comme le voudrait Maurice Vaïsse dans son article «La diplomatie française, les Juifs et les Arabes, réponse à David Pryce-Jones» (*Commentaire*, 115, 2006) — comme si une telle formule pouvait être hurlée dans la rue !

l'impérialisme français vieux style. Dans une note du 8 juin 1923, il réitère ce qui est déjà l'argument standard : le sionisme ne repose sur rien d'authentique. Le maréchal Lyautey se vante également d'avoir été le premier à appeler à la prudence à son égard. « Cette réserve se comprend. D'inspiration étrangère, recevant ses directives du dehors, servant principalement les intérêts politiques d'une puissance déterminée, le sionisme constitue une doctrine dont l'importation au Maroc paraît peu désirable[37]. »

Cherchant typiquement à montrer que les Juifs ne sont pas ce qu'ils semblent être, un rapport non signé daté du 2 décembre 1925 attire l'attention sur les *Protocoles*. Bien qu'il ait déjà été clairement établi à l'époque que ce texte qui prétendait apporter la preuve d'une conspiration juive était un faux, l'auteur donne crédit aux « faits » qu'il juge « inexplicables » et conclut que, s'il faut prendre le sujet au sérieux, « nous avons affaire à un plan réellement diabolique[38] ».

La même année, André de Panafieu, ambassadeur à Varsovie, rapporte que la conférence sioniste qui vient de se tenir dans la ville est un abus de la politique libérale du gouvernement et constitue un appel à l'impunité. Les Juifs ne veulent pas accepter l'idée d'une nationalité polonaise, ni même celle de loyauté : « Dans la pensée des sionistes, toute résistance à leurs prétentions prend figure d'oppression (…) il n'est pas surprenant que leurs propos violents et bruyants soient accueillis sans faveur par l'opinion publique. » Lorsqu'en 1925 le Quai d'Orsay est avisé par Israël Levi, grand rabbin de Pologne, des mesures vexatoires prises contre les Juifs, l'ambassadeur les minimise aussitôt[39]. Traitant d'un autre congrès sioniste, tenu cette fois à Cracovie dix ans plus tard, Jules Laroche, successeur d'André de Panafieu, développe la critique pour l'adapter aux temps nouveaux : « Se basant sur des conceptions plus raciales que religieuses, les Juifs aspirent à instaurer sur les deux rives du Jourdain un État juif conçu sur le modèle fasciste. » Pour lui, « la masse juive en Pologne est réellement un fléau pour le pays », en raison de son retard économique et de son rôle dans l'usure. À l'exception des régions occidentales de Pologne, « le seul moyen contre les Juifs paraît être le pogrom, le meurtre et l'incendie ». Lorsqu'il rend compte d'une nouvelle intervention du grand rabbin, Jules Laroche parle cette fois de « persécutions soi-disant infligées aux Juifs de Pologne[40] ». Cet ambassadeur semble être parmi les tout premiers à avoir dressé un parallèle entre sionisme et nazisme, et va jusqu'à écrire que le leader sioniste révisionniste Vladimir Jabotinsky est le chef de ses partisans, exactement comme Hitler est le « führer » de l'Allemagne [a] [41].

Après la Shoah encore, Léon Noël, successeur de Jules Laroche, écrira ceci : « Qui n'a pas parcouru (…) les campagnes polonaises des anciennes provinces russes et autrichiennes, qui n'a pas vu grouiller, dans chaque village un peu important, dans chaque bourg, dans chaque ville, plus ou moins mêlés à la population chrétienne et vivant d'elle,

---

a. « Il semble que [le titre d'"organisateur des légions juives de Palestine"] ne puisse être appliqué sans ironie à ce petit Juif russe, très noir, très laid, intelligence déliée mais caractère fuyant, plus apte à la conspiration qu'à l'action au grand jour », note l'ambassadeur de France à Berlin (dans MAE-CPC/E-Levant/Palestine/1918-1940, vol. 4, 1er oct. 1921). Par ailleurs, comparer Vladimir Jabotinsky et Hitler est évidemment absurde. En revanche, Vladimir Jabotinsky entretint d'excellentes relations avec Mussolini, dont il admirait l'autorité et le sens de l'organisation, en même temps que les démocraties occidentales d'ailleurs…

ces innombrables Juifs, malpropres, hirsutes, hâves, tantôt
s'empressant pour gagner quelque argent, tantôt arrêtés
sur le seuil de leur échoppe ou de leur taudis et perdus
dans quelque rêve messianique ou mercantile, ne com-
prendra jamais ce qu'était le problème juif en Europe et
combien les grandes puissances ont manqué de prévoyance
en ne se penchant pas sur lui, en temps utile[42].»

Occasionnellement, un séjour en Palestine mandataire
modifie les préjugés antisémites des diplomates, si souvent
inspirés par la misère dans laquelle vivent les Juifs. C'est le
cas de Gaston Maugras, consul général de France en Palestine en 1924, et de Henry de Jouvenel, le successeur d'Henri
Gouraud au poste de haut-commissaire en Syrie. Visitant
Jérusalem en 1926, Henry de Jouvenel note après coup :
«Antisioniste quand je suis arrivé en Orient, je suis devenu
sioniste, ou plutôt jaloux du haut-commissaire britannique
en Palestine et de ce que lui apportent les sionistes[43].»
Naturellement la France est obligée de soutenir les chrétiens, mais les Juifs s'aident entre eux, et il admire leur
esprit d'entreprise.

Alors que le Quai d'Orsay a choisi une ligne antisioniste,
certaines personnalités rejoignent à titre individuel l'association France-Palestine fondée par Joseph Paul-Boncour
et Justin Godart sous le haut patronage du président de la
République Gaston Doumergue. Parmi elles : Aristide
Briand et Louis Barthou, ancien et futur ministres des
Affaires étrangères, et Jules Cambon, fidèle au message de
soutien qu'il fut le seul à avoir brièvement apporté à l'idée
d'un foyer national juif.

Le Quai d'Orsay compte également quelques réalistes
comme Philippe Berthelot, secrétaire général entre 1920

et 1933. Commentant le début de cette période il écrit : «Le sionisme est un fait.» Il regrette que les Juifs du Royaume-Uni aient compris la mission sioniste, tandis que les Juifs de France se sont révélés incapables «d'être aujourd'hui à la tête du judaïsme mondial au profit de la France». À son instigation, vers la fin de l'année 1925, le Quai d'Orsay met au point une section spéciale des affaires religieuses dirigée par Louis Canet. Selon les mots d'un historien, c'est là l'antichambre obligatoire avant toute visite aux leaders sionistes comme aux représentants des ordres catholiques en Palestine mandataire. À l'issue d'un entretien avec Chaïm Weizmann en mai 1927, Louis Canet conclut ainsi un mémorandum qui exprime clairement sa pensée : «Le nationalisme juif est une erreur et Israël [c'est-à-dire les Juifs, *N.d.A.*] ne peut trouver la paix que dans l'assimilation.»

6

La chute

Entre 1919 et 1940, pas moins de quatorze ministres des Affaires étrangères se sont succédé dans quarante-deux gouvernements, une rotation qui explique en partie l'incapacité de la France à prendre la mesure des bouleversements de l'époque. À la fin des années 30, écrit un spécialiste, « la direction donnée au Quai d'Orsay est tout simplement inexistante ». Les ministres successifs se réfugient dans la continuité. Philippe Berthelot, secrétaire général du Quai, tombe en disgrâce du fait de son association avec un consortium financier douteux en Chine. Avec son successeur, Alexis Leger, ils forment, aux côtés d'André François-Poncet et Robert Coulondre, ambassadeurs à Berlin, une génération de diplomates extrêmement capables. Cependant, tout comme les hommes politiques de la IIIe République, ces fonctionnaires n'eurent de cesse de chercher refuge dans le *statu quo*. Leur milieu comme leur tempérament les y inclinaient. Dans les années 30, il y avait moins de dix entrées dans « la Carrière » par an. Formés dans les meilleures écoles, les candidats devaient passer un examen d'histoire, de droit international et civil, de géographie économique, et devaient connaître deux langues étrangères. Une enquête menée par un comité de quatre diplomates d'expérience s'assurait également de la «présentabilité» sociale et culturelle des candidats. En 1935, «la Carrière» ne comprenait que cent quatre-vingt-onze diplomates, et un seul d'entre eux était une femme — les services consulaires comptant pour leur part trois cent quatre-vingt-dix-huit hommes. Le Quai, l'une des institutions françaises les plus prestigieuses, s'est montré incapable de prendre la mesure de l'Âge des dictatures. La politique d'apaisement favorisée à l'époque par le Foreign Office reflète, dans son étroitesse, une mentalité et un manque d'imagination comparables.

Les autorités françaises craignaient que les informations sur les Juifs fuyant l'Europe pour s'installer en Palestine ne provoquent de nouvelles émeutes dans les pays musulmans qui se trouvaient sous leur contrôle, spécialement en Syrie. À l'époque des premières violences antijuives au début des années 20, quand les Arabes refusaient aux Juifs l'accès au mur des Lamentations, la diplomatie française s'était gardée de réagir.

À partir de mars 1933, les voyageurs juifs ne furent autorisés à se rendre en Syrie qu'à la condition d'avoir obtenu du consulat britannique un visa d'immigration en Palestine[a]. En octobre, à l'heure où les Juifs commençaient à

a. Alors que la France a défendu le droit des Juifs à s'installer dans l'Empire ottoman avant la guerre, elle adopte la ligne britannique par la suite. En 1919, le radical Georges Clemenceau peut ainsi dire à Chaïm Weizmann : «Nous autres, chrétiens, ne pourrons jamais pardonner aux Juifs la crucifixion de Jésus.» À quoi Chaïm Weizmann a répondu : «Vous savez parfaitement que si Jésus de Nazareth demandait un visa pour entrer en France, il lui serait refusé au motif qu'il est un agitateur politique» (D'après R. Meinertzhagen, *Middle East Diary, 1917-1956*, Londres, 1959, p. 22).

fuir l'Allemagne, les mesures officielles d'aide aux Juifs allemands furent suspendues : la commission interministérielle pour les réfugiés revint sur les mesures libérales qu'elle avait prises précédemment. Une note non signée du 27 mars 1934 émanant du Bureau du contrôle des étrangers, section de la Direction des affaires politiques et commerciales au ministère, expose qu'il faut refuser l'entrée en Syrie mandataire à un groupe de militants sionistes allemands : « Les moyens ingénieux et les motifs fantaisistes auxquels les intéressés recourent depuis que des entraves ont été ainsi mises à leur exode pour tourner la réglementation en vigueur soulignent la nécessité de s'y tenir d'autant plus strictement[44].»

Henri Gaillard, consul au Caire, estime, le 21 mars 1934, que les Juifs d'Égypte se sont montrés maladroits du fait des événements en Palestine et de la politique de Hitler en Allemagne : « Se plaignant sans mesure du sort fait à leurs coreligionnaires et affichant des appétits exagérés, ils ont réussi, dans ce pays, où leur situation était jusqu'à présent tout à fait privilégiée, à créer dans l'opinion arabe un fort courant contre eux.» Si la conséquence est indéniable, la cause avancée par Henri Gaillard est une stupéfiante minimisation de l'antisémitisme nazi, même en 1934. Gaston Bernard, consul à Trieste, rapporte le 4 février 1935 que la ville profite de l'émigration des Juifs en Palestine. Sur les bateaux à vapeur de la Lloyd Triestino qui les emportent, « la sollicitude a été poussée jusqu'à assurer aux émigrants les services du culte talmudique et l'emploi exclusif de la cuisine kosher [*sic*] : il convient d'ajouter que celle-ci communique à ces navires une odeur *sui generis* qu'apprécierait sans doute, à un degré mineur, une clientèle de composition normale[45] ».

Dans l'immédiat après-coup de l'invasion de l'Autriche par Hitler en mars 1938, le gouvernement américain a invité vingt-huit gouvernements européens et sud-américains à Évian afin de discuter des meilleurs moyens de faciliter l'émigration des réfugiés politiques. Par agrément tacite, et par peur visible d'alimenter l'antisémitisme, il n'est fait aucune référence aux Juifs. Aucun accord substantiel ne sort de cette conférence, qui reste connue dans les annales comme «le Munich juif». Selon le jugement de Catherine Nicault, dans *Les Cahiers de la Shoah*, «on ne peut manquer pourtant d'être frappé non pas tant par l'absolu manque de générosité de la politique française que par son indifférence à en préserver même les apparences et par la fréquence de propos à tendance antisémite dans la bouche d'officiels républicains dans l'exercice de leurs fonctions[46]».

Le 6 décembre 1938, le ministre français des Affaires étrangères, Georges Bonnet, reçoit au Quai d'Orsay son homologue nazi, Joachim von Ribbentrop. Cette rencontre a été dénoncée dans les milieux politiques et dans l'opinion, mais le Quai d'Orsay a argué du risque d'un incident avec l'Allemagne si le président du Conseil, Édouard Daladier, s'y opposait. Un grand dîner est donc organisé chez Georges Bonnet en liaison avec l'ambassade d'Allemagne qui demande à ce que les noms des ministres français d'ascendance juive, en l'occurrence Georges Mandel et Jean Zay, soient rayés de la liste des invités. Il est douteux qu'Édouard Daladier n'ait pas été mis au courant, bien que l'on ne trouve nulle part trace de son opposition à cette requête. Le seul ministre qui refusera de se rendre à ce dîner, sauvant l'honneur du gouvernement devant l'avilissement diplomatique, sera le ministre de la Marine, César Campinchi. Plus habile que le Quai d'Orsay, l'ambassade d'Allemagne invitera Georges Mandel et Jean Zay à sa fastueuse réception du lendemain. Tous les invités avaient reçu leur carton depuis plusieurs jours, mais les deux ministres ne recevront les leurs qu'à 18 heures pour une réception prévue à 20 heures.

La diplomatie française put se féliciter de cette visite du ministre allemand dictée par la *realpolitik* et les intérêts de la France : un accord de bon voisinage et de consultation en cas de difficultés internationales est signé entre les deux pays. On sait ce qui s'ensuivra. Tel fut le succès de ce que la presse nomma alors « le dîner aryen » du Quai d'Orsay.

Après 1940, selon André Gillois dans son *Histoire secrète des Français à Londres de 1940 à 1944*, l'ambassade de Londres conseille à un journaliste progaulliste de s'abstenir de tout contact avec la Résistance, composée pour l'essentiel « de communistes et de Juifs ». On n'y compte guère de diplomates. Ils sont restés fidèles au poste, au sens strict. La démission de Raymond Brugère, à Belgrade, met en évidence, par défaut, la soumission du corps diplomatique au régime issu de la défaite. Tous restent en poste, par routine, par obéissance à la hiérarchie, par simple conformisme ou tout simplement par peur pour leur carrière. Les Affaires étrangères de la France libre sont une table rase qu'aucun membre de l'élite diplomatique ne vient meubler de son expérience.

En octobre 1940, sans qu'Hitler l'y oblige, le gouvernement de Vichy adopte le premier statut des Juifs, sa version des lois de Nuremberg. Jacques Guérard est alors le directeur de cabinet de Paul Baudoin, secrétaire d'État aux Affaires étrangères. Dans le télégramme qu'il fait parvenir à l'ambassadeur à Washington Gaston Henry-Haye, il développe plusieurs arguments susceptibles pense-t-il d'apaiser les craintes de l'opinion américaine à propos du statut des Juifs. La gauche d'avant-guerre, écrit-il contre les faits, a laissé les Juifs entrer dans le pays par centaines de milliers. Ceux-ci, avec « leur mentalité particulière », ont attaqué « toutes les notions dont les Français ne s'étaient jamais écartés ». À une époque où Jacques Guérard ne peut ignorer les spoliations et arrestations quotidiennes, il affirme néanmoins qu'« aucune mesure n'est prise contre les personnes ou contre les biens ». Le propos du statut est de « permettre l'existence paisible en France d'éléments que le caractère de leur race rend dangereux quand ils se mêlent trop intimement à notre vie politique et administrative (…). Aucun esprit de représailles [contre leur influence néfaste] n'a inspiré la loi. Celle-ci peut, tout au contraire, prévenir des mouvements spontanés d'antisémitisme dont il serait difficile d'éviter les excès. Il y a lieu de remarquer, en outre, qu'aucune mesure n'est prise contre les personnes ou contre les biens[47] ».

En fait, le véritable auteur du statut des Juifs est Marcel Peyrouton, nommé ambassadeur de France à Buenos Aires par le gouvernement Blum, qui deviendra ministre de l'Intérieur sous Pétain avant d'être renvoyé en Argentine par Pierre Laval[a]. Son collègue en poste au Vatican, Léon

a. Marcel Peyrouton explique dans ses Mémoires que le statut des Juifs était le moyen qu'avait trouvé la France pour éviter d'avoir à appliquer les lois de Nuremberg (*Du service public à la prison commune*, Paris, 1950). Il ne lui restait

Bérard, réussit à convaincre le pape de ne pas condamner le statut des Juifs. L'ambassadeur François Charles-Roux fut pourtant choqué par l'antisémitisme d'État, au nom du réalisme diplomatique : «Les dangers courus par notre domaine d'outre-mer (...) nous déconseillaient la discrimination des gens selon les races (...). Le "statut des Juifs" produisit un déplorable effet à l'étranger, notamment aux États-Unis.» Passe la réalité tragique, mais l'effet diplomatique est inadmissible !

Louis Canet demeure quant à lui chargé de sa section spéciale des affaires religieuses, au sein de laquelle il collabore avec le Commissariat général aux questions juives. Jean Poirier, chef de section au Service des œuvres françaises à l'étranger, présente ses excuses à Louis Canet de ne pouvoir lui donner les informations qu'il demande sur certains Juifs : «Interrogez-moi sur les Juifs que je connais», lui écrit-il avant de lui soumettre spontanément le nom d'un ennemi personnel, juif, dans l'administration [a]. Ainsi, le 6 septembre 1941 se prononce-t-il sur une demande de dérogation à la déportation au bénéfice d'un certain Georges-Jules Roth, professeur âgé de cinquante-quatre ans. Louis Canet condamne consciencieusement l'homme, rien dans le dossier ne prouvant, estime-t-il, la présence de la famille Roth en France depuis cinq générations, comme l'exige le nouveau statut. Et ni le service militaire de Georges-Jules Roth, ni ses diplômes universitaires, ni ses

---

plus qu'à éliminer les Juifs par l'oubli. Ce qu'il fera lors de la publication de son *Histoire générale du Maghreb* (Paris, 1966) où il ne mentionne même pas que des Juifs y ont vécu...

a. Jean Poirier refuse de répondre à Louis Canet «sur l'application de cet infect statut» tout en dénonçant son ennemi, le 28 juin 1941 (MAE/Papiers d'agents/archives privées Canet/vol. 27, lettre Poirier, 10 déc. 1940).

travaux intellectuels ne présentent le «caractère exceptionnel (…) qui pouvait seul justifier la dérogation dont il s'agit». La Collaboration ne peut s'accommoder d'une politique extérieure sincère. Alexis Leger, démis de ses fonctions en 1940, est parti pour New York. À la suite de l'invasion de la zone libre en novembre 1942, Jean Chauvel — qui a réuni tardivement un bureau d'études clandestin pour permettre aux diplomates de penser la France de l'après-Vichy —, Louis de Guiringaud, son collaborateur, René Massigli, et quelque vingt autres diplomates démissionnent, mais seulement après le retour de Pierre Laval aux Affaires étrangères, car le couple Pétain-Darlan leur était fort acceptable. Léon Noël prend ainsi le chemin de la France libre en 1943. Certains s'échappent *via* l'Espagne pour Alger ou Londres. Aux États-Unis, l'attaché commercial et l'attaché financier, Hervé Alphand, rompent avec Vichy une fois la victoire des Alliés acquise. Le consul général à New York fait cependant son possible pour ne pas appliquer la politique de retrait de leurs passeports aux Juifs français ainsi que le lui demande le ministère.

Reste qu'en mettant sur pied l'exposition «Des visas pour la vie[a]» destinée en avril 2000 à honorer les diplomates «Justes parmi les nations», les organisateurs n'ont pas trouvé de Français à honorer[b]...

Une liste du personnel du ministère dressée à Vichy le

a. Exposition organisée à New York en avril 2000 par le centre Simon-Wiesenthal, le musée de la Tolérance, le mémorial Yad Vashem des héros et des martyrs et le Mémorial du martyr juif inconnu.

b. Pas même l'ambassadeur de France à Bucarest. Ses efforts en faveur des Juifs roumains, notamment le refus de délivrance de certificats ethniques, sont il est vrai peu de chose à côté des exploits accomplis par ses confrères à travers le monde.

20 février 1943 montre que le secrétaire général du Quai d'Orsay, Charles Rochat, dirige une minuscule poignée d'hommes. Lorsque Jean Chauvel lui demandera plus tard pourquoi il n'avait pas démissionné, Charles Rochat répondra qu'il avait maintenu « la continuelle affirmation de la souveraineté française ». C'était purement illusoire : le Quai d'Orsay avait virtuellement cessé d'exister.

7

Des écrivains s'engagent

Durant les années où il a exercé les fonctions de secrétaire général du Quai, en 1920-1921 puis entre 1925 et 1932,
Philippe Berthelot a fait régner une ambiance de dilettan-
tisme huppé à laquelle la plupart de ceux qui ont travaillé
sous ses ordres ont par la suite rendu hommage dans leurs
écrits. Fils d'un célèbre industriel de la chimie, Philippe
Berthelot, diplomate appliqué, bénéficie d'une immense
assurance personnelle et possède un vaste carnet d'adres-
ses ainsi que des goûts littéraires certains. Il invite régulièrement à déjeuner Oscar Wilde durant son exil en France,
et sera l'une des neuf personnes présentes à son enterre-
ment au Père-Lachaise. Son épouse Hélène tient un salon
très fréquenté. C'est grâce à son patronage que Paul
Morand, Paul Claudel, Jean Giraudoux, et d'autres, béné-
ficieront du temps et de la sécurité nécessaires pour se
bâtir une réputation littéraire internationale. Tous manifestement se voient plutôt comme les membres d'un club
d'élite que comme les agents d'un gouvernement. C'est à
Jules Cambon que l'on doit la formule résumant l'attitude
qui dominait alors quant aux horaires de travail au Quai :
«Venez aussi tard que vous le désirez, mais pas plus tard.»

Le successeur de Philippe Berthelot, Alexis Leger, personnalité plus insaisissable, recevra le prix Nobel de littérature sous le pseudonyme de Saint-John Perse.

Pris ensemble, ces hommes perpétuent l'image du Quai d'Orsay comme dépositaire prééminent de la culture et du talent. Un des rares diplomates épurés à la Libération, Roger Peyrefitte, n'est qu'une plume de second rang à côté des grands écrivains-diplomates, aussi utiles que soient ses romans pour nous aider à saisir l'esprit diplomatique, en particulier *La Fin des ambassades*, où le chantre de l'homosexualité revendique fièrement son antisémitisme.

Paul Morand, qui a grandi dans un milieu artistique, est reçu en 1913, à l'âge de vingt-cinq ans, premier à l'examen d'entrée au Quai d'Orsay. Parmi ses premiers écrits, *Mort d'un Juif*, met en scène un personnage qui sur son lit de mort refuse de payer le médecin avant que le taux de change n'ait évolué en sa faveur. La victime mourante d'un pogrom se voit « fidèle à la vérité sous le masque d'une éternelle trahison ». Pour Paul Morand, ainsi que le critique Jean-François Fogel le souligne dans son ouvrage *Morand-Express*, « cupidité ou trahison » sont les deux choix de vie qui se présentent aux Juifs. « Vous avez un don prodigieux », lui écrit Alexis Leger. Philippe Berthelot pour sa part attend beaucoup de Paul Morand et celui-ci en retour le décrit comme un « seigneur ». Dans son *Journal d'un attaché d'ambassade* il se souvient de la façon dont Philippe Berthelot a reçu en 1917 la nouvelle de la prise du palais de Tauride par les bolcheviques et l'expulsion de la Douma. Tout cela finira « par le partage des terres et le massacre des Juifs (...) ce qui, somme toute, n'est pas un mauvais programme », dit Philippe Berthelot cité par Paul Morand, qui commente : « Son cynisme est un faux cynisme. En réalité, c'est de l'humour au service de la fermeté. »

Paul Morand se sert de son statut de diplomate pour voyager confortablement à travers le monde. En 1927, il épouse la Roumaine Hélène Chrissoveleni, divorcée du prince Dimitri Soutzo, l'attaché militaire roumain à Paris. Le couple navigue aisément dans le beau monde d'une capitale à l'autre tandis que les multiples livres de Paul Morand font étalage d'un sentiment de supériorité cosmopolite frisant la désinvolture, particulièrement à l'encontre des Juifs sur lesquels il ne cesse de revenir de façon malveillante.

Dans *New York* (1930), par exemple, la littérature juive de la ville semble posséder une tension spirituelle et une qualité abstraite explicables par le fait que les Juifs de l'East Side n'ont jamais vu un arbre. Ce sont des « prêcheurs, immolateurs de soi-même, socialistes, anarchistes, bolchevistes, communistes, et encore d'autres "istes", en continuelles disputes, se couvrant d'imprécations [qui] donnent une idée de ce que Jérusalem a dû être ». Les cinémas locaux passent un film soviétique et « le peuple élu fait la queue pour voir enfin les boyards prendre (c'est bien leur tour) des coups de pied "dans le pantalon" comme on dit à New York. "*Alles gut !*" ». La vue de Delancey Street provoque chez Paul Morand cette réaction immédiate : « Amandes grillées et salées vendues par des marchands dont le nez crochu et gelé sort d'un bonnet d'une fourrure miteuse rapporté de Russie par les ancêtres. Aux devantures, carpes énormes et dorées, gros cornichons sucrés, volailles rituelles et cette viande kosher, avec son hémorragie interne, ces

saucisses spéciales, comme d'énormes membres conges-
tionnés, sans parler de ces hachis, de ces mets orientaux
qui ont l'air d'excréments.» Il prétendait que son roman
France la Doulce (1934) était une comédie, une satire.
Certes, il n'avait rien d'un Céline appelant au massacre
des Juifs. *France la Doulce* tient cependant une place centrale dans la littérature antisémite de la période. Son
thème : le contrôle du cinéma par les Juifs, lesquels font des
films dans l'unique objectif de s'enrichir, et débauchent
ainsi le goût du public. Son seul personnage français se
trouve être un Juif vivant sous une fausse identité. Durant
un voyage vers l'Inde en 1935, Paul Morand traverse le
Moyen-Orient. La Syrie, conclut-il, glisse des mains des
Français tandis que «les Juifs cultivent leur champ avec leur
fusil en bandoulière (…) alliance du sol et du sang sans
laquelle il n'y a pas de vraie patrie». La phrase, à première
vue admirative, sonne en fait comme un slogan hitlérien.

En 1940, il est à Londres à la tête d'une mission de guerre
économique. Comme la plupart des huit cents officiels présents au Royaume-Uni lors de la défaite, il rejette l'appel
du général de Gaulle et rentre en France, où il se met en
quête d'un poste à Vichy. Son roman sur la mainmise du
cinéma par les Juifs lui vaut en peu de temps d'être nommé
président de la commission de censure. Il vit essentiellement à Paris, où son épouse tient salon et n'hésite pas à
prévenir ses invités français qu'après 18 heures les hôtes
allemands seront présents. Elle ira jusqu'à se déclarer
nazie, ajoutant qu'elle le serait jusqu'au bout. En 1943,
Paul Morand accepte le poste d'ambassadeur à Bucarest
et l'année suivante, durant les dernières semaines du gouvernement de Vichy, il est ambassadeur à Berne. Après la

guerre le couple jugera prudent de rester en Suisse, où il ne risquait pas d'être inquiété par la justice. En 1958, le général de Gaulle lui-même mettra son veto à son élection à l'Académie française en tant que président de la République et «protecteur» de l'Institut de France, opposition qu'il lèvera cependant dix ans plus tard. Un tel revirement vis-à-vis de ceux qui se trouvaient moralement compromis sera entre-temps devenu monnaie courante, et servira à embellir l'indulgence de Paul Morand pour le fascisme, réduite désormais à un dandysme.

Dans les années 30, Jean Giraudoux compte parmi les amis et collègues les plus proches de Paul Morand. Il aime insister sur les origines limousines de ses deux parents, c'est-à-dire sur ses racines profondément françaises. Jean Giraudoux connaît bien tant le Royaume-Uni que l'Amérique, et parle anglais couramment. Paul Claudel est l'un des premiers à louer son style élégant, subtil et empreint d'ironie. L'un de ses romans dresse un portrait plein d'affection de la vaste famille Berthelot, aux connexions sociales non moins vastes. Rien de tout cela ne l'empêche d'encombrer son œuvre de stéréotypes dénigrants, par exemple lorsqu'il fait dire au personnage juif de *Siegfried et le Limousin* : «Le bec de l'aigle allemand, c'est notre nez[48].»

En 1950, il publie De «*Pleins pouvoirs*» à «*Sans pouvoirs*», livre autobiographique dans lequel il se montre en cette période critique enfermé dans son bureau : «Je me réfugie dans mon ministère du Quai d'Orsay, seul asile où, de même que l'on ne parlait pas de guerre dans les tranchées, je puis enfin échanger quelques idées sur la taille des caniches et l'encadrement des Daumier.» Au mois d'août, veille de la guerre, Jean Giraudoux est nommé commissaire à l'Information, un poste semblable à celui qu'occupe Goebbels à Berlin. Il affiche des opinions raciales proches de celles de ce dernier, comme on peut s'en rendre compte dans *Pleins pouvoirs* où seule la «race française» apparaît susceptible de sauver le pays : «Et nous sommes pleinement d'accord avec Hitler pour proclamer qu'une politique n'atteint sa forme supérieure que si elle est raciale.» Quant aux Juifs, il lui est arrivé de rencontrer une famille ashkénaze, qu'il a trouvée «noire et inerte, comme les sangsues dans un bocal[49].»

À Paris, durant l'Occupation, Jean Giraudoux se joint à la société des officiers allemands et des collaborateurs de haut rang, tandis que l'une de ses nouvelles pièces, *Sodome et Gomorrhe*, est jouée en 1943. Sa mort l'année suivante lui épargnera d'avoir à rendre des comptes.

Paul Claudel combine carrière diplomatique et littérature avec un succès exceptionnel. Profondément catholique, politiquement conservateur, il semble le porte-étendard des valeurs et traditions de la France d'Ancien Régime. Saint Louis et Jeanne d'Arc sont des figures symboliques qu'il invoque constamment. Insistant sur sa condition de poète, il cultive jusque dans sa prose et ses pièces un style inhabituel, fleuri, tout à la fois rhapsodique et didactique. Lorsque W. H. Auden écrit que «le temps excusera Claudel, l'excusera d'écrire bien», il exprime le point de vue établi de cette génération selon lequel, en dépit de ses poses évidentes, Paul Claudel est une figure littéraire de premier rang.

Il est né en 1868. Son père et sa sœur, ainsi qu'il en

conviendra plus tard, ont été des admirateurs d'Édouard Drumont, antisémite notoire, et Paul Claudel lui-même n'a pas été durant l'affaire Dreyfus « du bon côté[50] », selon ses propres termes. Il obtient son premier poste à l'étranger en 1893 comme consul à New York avant d'être envoyé en Chine pour une période de six ans. En 1910, bien après la réhabilitation d'Alfred Dreyfus, Paul Claudel écrit à Charles Péguy, devenu fervent catholique en dépit de son passé dreyfusard : « Enfin, je comprends difficilement que vous niiez l'action de la juiverie dans cette affaire. J'ai vécu dans tous les pays du monde et partout j'ai vu les journaux et l'opinion dans les mains des Juifs. J'étais à Jérusalem en décembre 1899 et j'ai vu, au moment de la seconde condamnation [de Dreyfus], la rage de ces punaises à face humaine qui vivent en Palestine des *razzias* que leurs congénères opèrent sur la chrétienté. » Dans son journal, à la date du 3 février 1900, Jules Renard raconte ainsi l'un de ses rendez-vous avec lui : « Son âme a mauvais estomac. Il revient à son horreur des Juifs, qu'il ne peut voir ni sentir. » Alors qu'il est consul à Francfort en 1910, Paul Claudel écrit dans son journal : « Me voici qui représente la République française dans cette capitale de la juiverie internationale[51]. »

Dès les premières années du xxe siècle, Paul Claudel, à la recherche d'effets littéraires, a commencé de dresser des portraits de Juifs. Ali et Sichel Habenichts sont ainsi des personnages d'un père juif et de sa fille dans une trilogie théâtrale. L'argent, le désir d'assimilation, l'absence de tout patriotisme sont leurs traits distinctifs. Ce dont il est question, c'est de la place du Juif dans le monde moderne. Il met dans la bouche de Sichel ces mots : « Mais pour nous, Juifs, il n'y a pas un petit bout de terre aussi large qu'une pièce d'or.» Paul Claudel, qui a passé commande au compositeur juif Darius Milhaud d'un accompagnement musical, ne peut se retenir de lui écrire après plusieurs années de collaboration : « Quel dommage que vous ne soyez pas catholique ! Nous ferions de grandes choses ensemble (…). Quel dommage que je ne puisse vous faire entrer dans l'édifice dont vous séparent tant de fossés vaseux et de murailles rebutantes ! »

Dans les années 20, Paul Claudel est ambassadeur à Tokyo, puis à Washington (où il reçoit Paul Morand). Son point de vue semble avoir évolué puisque l'un de ses fils épouse une certaine Christine, dont la sœur, Aliki, est la femme de Paul-Louis Weiller. Cette personnalité éminente d'origine juive, convertie au christianisme, fut l'un des meilleurs pilotes des forces aériennes durant la Première Guerre mondiale. Paul-Louis Weiller est le propriétaire et le directeur de Gnome et Rhône, l'une des premières compagnies spécialisées dans la fabrication de moteurs d'avions. Du fait de sa position, il évolue dans les cercles politiques et militaires et, en 1935, il fait entrer Paul Claudel au conseil d'administration avec un salaire important. C'est peut-être une coïncidence, mais l'année suivante Paul Claudel écrit une lettre ouverte au Congrès juif mondial ou l'on peut lire une phrase de protestation contre les lois de Nuremberg tout juste votées, qu'il qualifie de « législation abominable et stupide dirigée contre vos coreligionnaires en Allemagne ».

L'effondrement de la IIIᵉ République en juin-juillet 1940 l'enthousiasme. Après soixante ans, écrit-il dans son journal, la France est délivrée « du joug du parti radical et anticlérical (professeurs, avocats, Juifs, francs-maçons) ».

« L'éducation sans Dieu » est selon lui l'une des premières causes de la situation désespérée dans laquelle se trouve son pays. Le remplacement de la démocratie par un système autoritaire fondé sur les valeurs catholiques est depuis longtemps son idéal. Il connaît le maréchal Pétain et l'a décrit dans son journal des années plus tôt comme « le général français type, illustration d'un roman populaire ». Philippe Pétain a d'ailleurs voté pour l'élection de Paul Claudel à l'Académie française en 1935. Néanmoins, ce dernier désapprouve la collaboration sans réserve du régime avec l'Allemagne telle qu'elle est recommandée par certains catholiques, notamment le cardinal Baudrillart. Alors âgé de plus de soixante-dix ans, il s'est retiré à Brangues, en zone libre.

Le 6 octobre 1940, Paul-Louis Weiller est arrêté sur la foi d'accusations montées de toutes pièces à propos de l'ouverture d'une usine au Maroc. À l'évidence, la véritable raison de son arrestation est qu'il est né juif. Le jour suivant, Paul Claudel se rend à Vichy pour intercéder en sa faveur puis écrit au maréchal Pétain, mais sans obtenir de résultat. La citoyenneté française de Paul-Louis Weiller est révoquée peu après et ses propriétés confisquées. Relâché, il parvient à s'enfuir à New York.

L'état d'esprit de Paul Claudel reste peu clair. Le 27 décembre il publie sa célèbre ode à Pétain, *Paroles au Maréchal*, dans laquelle le vainqueur de Verdun apparaît comme le sauveur national et presque comme un saint. Il a souvent été suggéré que Paul Claudel a agi par intérêt. Vichy devait subventionner les représentations de ses pièces, en particulier *Le Soulier de satin*, l'un des événements culturels marquants de la période, qui sera montée à Paris, en 1943, de même qu'une pièce de Jean Giraudoux. Dans une interview donnée après guerre, Paul Claudel expliquera d'une phrase son enthousiasme pour le maréchal Pétain : «Il m'a eu.»

Quoi qu'il en soit, le 24 décembre 1941, il écrit au grand rabbin de France Isaïe Schwartz pour prendre position contre le statut des Juifs et exprimer le «dégoût, l'horreur, l'indignation qu'éprouvent à l'égard des iniquités, des spoliations, des mauvais traitements de toutes sortes dont sont actuellement victimes nos compatriotes israélites, tous les bons Français et spécialement les catholiques». Les catholiques, conclut-il dans son élan, ne doivent jamais oublier qu'«Israël est toujours le fils aîné de la promesse, comme aujourd'hui l'aîné de la souffrance[52]». La mention «ambassadeur de France» au bas de sa signature fait de cette marque de courage civique quelque chose d'unique. La lettre est publiée, les autorités de Vichy en prennent ombrage et jugent qu'elle «contient des allégations particulièrement osées». Paul Claudel est suspecté d'avoir facilité la fuite de Paul-Louis Weiller. La police fouille son château de Brangues et place l'écrivain sous surveillance. Le 28 septembre 1944, en reflet des circonvolutions de cette époque troublée, il publiera dans le *Figaro littéraire* une «Ode à de Gaulle» aussi embarrassante, dans son obséquiosité sirupeuse, que la précédente.

Paul Claudel est l'un des premiers à prendre la mesure unique de la Shoah. Il y voit une plaie éternelle pour l'Europe chrétienne. Qu'il ait pu également y avoir pour lui quelque chose de «providentiel» dans cet événement, une sorte d'«efficacité rédemptrice» apparaît dans les méditations auquel il se livrera sur le mode visionnaire durant le restant de ses jours à propos du «mystère d'Israël» et de sa «vocation». Soutenir l'État d'Israël revient dans une certaine mesure à faire amende honorable. Ses prises de position en faveur du jeune État seront sincères, et marqueront un complet revirement par rapport à son ancienne animosité contre «les punaises à visage humain». La place des Juifs dans le monde moderne restera cependant toujours une question. Pour lui, les Juifs sont un peuple à part, doté d'une mission universelle spécifique, détenteur de la Terre sainte non en raison d'un ancrage historique ou d'un droit, mais en tant que citoyens de l'humanité. Leur message est «adressé à l'homme tel qu'il émerge pur des mains de son Créateur». Même pour quelqu'un s'efforçant aussi sincèrement que Paul Claudel de se confronter aux événements de son temps, les Juifs ne sont pas des êtres humains comme les autres. Ils sont des créatures destinées à un autre propos, si divin soit-il.

8

La mystique de Louis Massignon

Il sera revenu à Louis Massignon de revitaliser pour ses contemporains les considérations selon lesquelles la France était une puissance musulmane. Professeur au Collège de France à partir de 1925, et l'un des plus éminents orientalistes du pays, Louis Massignon mit le savoir académique au profit de ses préjugés personnels et politiques. Comme Élie Kadourie le remarque dans son essai *Politique à l'université*, la totale désinvolture avec laquelle il détourne le savoir en fait l'un des tout premiers exemples de cette «trahison des clercs[a]» dont le livre de Julien Benda analyse l'influence sur la dégradation du discours public. Marginal mais brillant, Louis Massignon était un affabulateur doté d'une personnalité suffisamment forte pour persuader ses auditeurs que les excentricités de son imagination coïncidaient avec la réalité. Il allait répandre de la même façon, et avec des effets durables, une véritable tendance à la mystification à travers tout le Quai d'Orsay.

a. En français dans le texte (*N.d.T.*).

Né en 1883, Louis Massignon est fils de sculpteur. Il grandit dans le milieu des symbolistes en pleine mode de la décadence, et visite le Maroc dans sa jeunesse. Il y rencontre le maréchal Lyautey, qui pense que le pays offre toutes les possibilités à l'expansion impérialiste française. Au Caire et à Bagdad, avant la Première Guerre mondiale, Louis Massignon apprend les langues du Moyen-Orient, et entreprend les premières recherches qui vont le conduire au professorat et établir sa réputation. C'est un élève sincère, studieux, heureux d'adopter les robes et le turban classiques de l'étudiant d'al-Azhar, ce centre historique de la dévotion musulmane au Caire. Il consacre une étude à Mansur al-Hallaj, chiite mystique torturé à mort sur le gibet de Bagdad pour hérésie en 922, dont il va faire par la suite une impossible figure christo-musulmane. L'un de ses amis, un Espagnol du nom de Luis de Cuadra, converti à l'islam, l'introduit dans le monde homosexuel du Caire. Peu de temps après, consumé par le remords, Louis Massignon vit une épiphanie religieuse, sous la forme d'une vision qu'il appelle « le feu divin ». Luis de Cuadra, de son côté, se suicide dans une prison espagnole. Son destin tragique marquera Louis Massignon pour le restant de ses jours. Dans la conception qu'il se fait dès lors de la vie, c'est l'interaction complexe du péché et de la rédemption qui donne sa valeur à toute situation humaine.

L'un de ses amis est Charles de Foucauld, fondateur de l'ordre missionnaire des Pères blancs, plus tard assassiné dans sa retraite saharienne par des pillards senoussistes. Louis Massignon se croit habité d'une vocation religieuse semblable, et destiné au martyre sur le mode commun du Christ et de Mansur al-Hallaj — le martyre des Juifs dans l'Europe nazie ne donnant en revanche aucun droit particulier au peuple d'Israël[53]. Paul Claudel, un autre de ses amis de longue date, est l'un des témoins de sa noce. De son poste à Prague, il lui écrit le 8 février 1911 : «Vous feriez un agent incomparable. J'en ai dit un mot à mon ami Berthelot dont il faudra que je vous fasse faire un jour la connaissance.» Les autorités ottomanes en Mésopotamie l'ont effectivement arrêté pour espionnage et il est aujourd'hui presque certain qu'il a été une sorte d'ambassadeur errant engagé dans un travail secret et confidentiel. Il voyageait sous passeport diplomatique, et avec le statut vague de «chef de mission scientifique». L'Algérie, le Maroc, la Syrie étaient ses principaux centres d'intérêt.

En 1917, membre de la mission Georges-Picot, il est présent lors de la prise de Jérusalem par les Britanniques. Lawrence d'Arabie est là également. L'un et l'autre parlent arabe, et Louis Massignon relève des fautes dans le dialecte vulgaire de Lawrence. Les deux hommes sont visiblement de la même espèce : là ou Lawrence suspecte le pire chez les Français, Louis Massignon soupçonne le pire de la part des Britanniques.

Pour Louis Massignon comme pour Paul Claudel les Juifs sont un «mystère» dont la mission est de poursuivre un dialogue privé avec Dieu au bénéfice ultime de la chrétienté. Il a eu beaucoup de mal à faire entrer le sionisme dans ce schéma catholique classique. Après une rencontre avec Chaïm Weizmann, il se réfère à lui comme au «Nasi», ou président en hébreu, et prend plaisir à épater le Quai d'Orsay par son érudition. Selon lui, si le travail de la terre peut certes s'avérer rédempteur pour quelques Juifs prolétaires, en arrière-plan, prévient-il ses supérieurs dès 1920, il y a toujours quelque part «l'horrible Israël des cosmopolites, des banquiers sans patrie, qui se sont servis de l'impérialisme anglo-saxon (Sassoon, sir Herbert Samuel, lord Reading, lord Rothschild, Schiff, etc.), vous ronge jusqu'aux os».

Au Moyen-Orient, Louis Massignon choisit parfois de s'habiller d'une bure franciscaine, un déguisement au même titre que les robes et turbans arabes. Visitant Jérusalem et Tel-Aviv en 1934, il détecte «des interventions financières puissantes» seules capables selon lui de permettre la survie du sionisme. Sa conviction se renforce que seul un «bloc franco-musulman» peut sauver la Terre sainte, voire l'ensemble de la région.

Dans son esprit Nazareth est revêtu d'une signification sacramentale particulière du fait de son association avec la figure de la Vierge Marie. Se battre dans la ville, comme ce fut le cas durant la révolte arabe de 1936, est donc un sacrilège. Les Juifs doivent apprendre l'arabe et devenir palestiniens, sous peine d'apparaître «déloyaux», un concept clé; ils trahissent l'hospitalité arabe. Dans un article de 1939, il déplore comment, à la place de Juifs séfarades parlant arabe, «ce sont des *Ashkenazim* germanisés qui ont pris en main l'affaire palestinienne, avec la technique parfaite et implacable du plus exaspérant des colonialismes: refoulant lentement les "indigènes" arabes vers le désert». C'est une critique que l'on retrouvera fréquemment à l'encontre de l'État d'Israël, ainsi coupable d'être un îlot «occidental» en terre d'Orient: Louis Massignon avait déjà tout compris du péché originel israélien. Simultanément, il déplore le nombre de Juifs fuyant vers la France pour échapper aux persécutions nazies, et prétend que les Juifs français entraînent le pays à sa perte. Quand la guerre éclate, il sert sous les ordres de Jean Giraudoux, et se charge de la propagande dans les pays musulmans. Son état d'esprit est révélé par une réflexion qu'il livre à Vincent Mansour Monteil, lui-même converti à l'islam : « Ma patrie, c'est le monde arabe.» Il écrit également à Paul Claudel : « C'est en arabe, sans doute, qu'Il lui plaît que je Le serve un jour.» Par mortification, il jeûne durant le ramadan. Comme le chercheur Robert Irwin le souligne avec force dans son étude sur les orientalistes, Louis Massignon présente le cas d'un «racisme non systématique», et son identification avec les Arabes et la culture musulmane provient au moins en partie de «ce qu'il n'aime pas beaucoup les Juifs[54]».

Après la guerre, il se lance dans une campagne furieuse contre la création de l'État d'Israël. Tout accord avec les sionistes, écrit-il, est une erreur qui ne servira qu'à «crisper notre Afrique du Nord», et l'idée même de Foyer national juif est « une imposture dont nous n'avons pas à nous faire les complices ». Israël n'est pas vraiment une nation, mais quelque chose de distinct, soit plus, soit moins élaboré : «Israël a une politique, mais sa politique ne signifie rien, si elle ne vit pas par une spiritualité, et si cette spiritualité est exclusive comme on essaie de le faire contre les Arabes musulmans, ce sera une catastrophe.» Il a fondé un comité chrétien d'entente France-Islam qui enrôle des diplomates. Tout d'abord les Lieux saints doivent rester entre des mains catholiques françaises — un argument qu'il fonde lui aussi sur l'architecture des églises, telles que le Saint-

Sépulcre ou Sainte-Anne à Jérusalem : toute réclamation italienne, comme celle que formule le Vatican, relève du simple incident. Enfin, dans un pamphlet imprimé plus tard, il maintiendra que le poncif selon lequel les Juifs cherchent du sang chrétien pour leurs rituels est authentique.

Le vote de la partition de la Palestine par l'Onu en novembre 1947 — et le consentement du Quai à ce vote — le révulse. Ses fréquents articles dans des publications catholiques comme *Témoignage chrétien* et *L'Aube* sont à cette époque empreints d'une hystérie religieuse et politique frisant l'incohérence. La reconnaissance d'Israël par les chrétiens et les musulmans n'a selon lui « aucune valeur *de jure* ». « L'État sans messie d'Israël », écrit-il, s'est créé aux dépens des Arabes, lesquels sont « victimes de l'immonde technique yankee ». Israël doit également cesser d'exploiter le pétrole au profit des « spéculateurs atlantiques », ainsi qu'il le dira à Martin Buber, dans ce qui même pour Louis Massignon apparaît comme une accusation particulièrement tirée par les cheveux. Plus que jamais obsédé par Nazareth et la Vierge, il insiste : « Le monde n'aura pas de paix dans la justice tant qu'Israël [c'est-à-dire les Juifs, *N.d.A.*] ne révisera pas le procès de la mère de Jésus[55]. » Lors d'une visite en Israël en février 1949, il a « le cœur percé par l'ignominie des Juifs et des chrétiens d'Occident », pécheurs au-delà de tout espoir de rédemption. Paul Claudel en colère rompt avec lui définitivement et note dans son journal que Louis Massignon « déraille comme à son habitude ».

En 1950, au Caire, où il a découvert son homosexualité, Louis Massignon entre dans les ordres et devient prêtre selon le rite oriental melkite. Il se met alors à militer en faveur de l'indépendance de l'Afrique du Nord, ce qui constitue un spectaculaire retournement par rapport à sa conception précédente d'une France puissance musulmane. Jusqu'à sa mort en 1963, son sens de la culpabilité et du péché s'harmonisera avec sa conviction innée d'une supériorité intellectuelle et du pressentiment du «feu divin».

Plus d'un de ses collègues du Quai affirmera plus tard que le rencontrer revenait à rencontrer un génie[a], même si, comme tous les mystiques, il perdait souvent contact avec la réalité. L'érudition de Louis Massignon et son sens du spectacle servirent à renforcer le Quai d'Orsay, à l'époque et depuis, dans sa conception que la France et le monde islamique partageaient un destin commun — destin au nom duquel il pouvait organiser l'avenir des Juifs mieux que ces derniers ne pourraient le faire eux-mêmes.

Nul mieux que lui n'a théorisé, en termes religieux[b], l'idée que le Quai d'Orsay se faisait des Juifs depuis un siècle.

---

a. «Personne… pas même Niels Bohr, Picasso ou Claudel ne m'a donné autant l'impression du génie que Louis Massignon», écrit l'ambassadeur Jacques de Bourbon Busset («Louis Massignon», *Les Cahiers de L'Herne*, 13, 1970, p. 425).

b. Mettre en balance le poids de Louis Massignon avec celui de Jacques Maritain, penseur catholique qui ne bascula jamais dans l'antisémitisme et accepta volontiers la création de l'État d'Israël, bombardé en 1945, à l'âge de soixante-trois ans, ambassadeur au Vatican, n'aurait pas grand sens.

9

Le sauvetage du mufti de Jérusalem

« Nous haïssons la France — elle est l'ennemi de l'islam
et de la religion, parce qu'elle est gouvernée par des athées
et des Juifs[56]. » Telle est la déclaration que fait en 1938 sur
les ondes de Radio Rome, la station de Mussolini, Makki
al-Nasiri, un leader nationaliste arabe parmi d'autres par-
tageant le même point de vue. Un tract distribué par l'Allemagne nazie dans toute l'Afrique du Nord proclame alors
ceci : « Le Juif se repaît de vous comme la vermine se repaît
du mouton ; la France le protège ; il est l'agent de la France,
l'instrument de la France. L'Allemagne arrête et persécute
les Juifs, confisquant leurs biens. Si vous n'étiez pas les
esclaves de la France, vous pourriez faire la même chose[57]. »
La défaite de 1940 et l'Occupation ont miné l'autorité
morale et politique du pouvoir colonial français. En 1944,
lors d'une visite à Brazzaville, le général de Gaulle prononce un discours promettant l'indépendance aux colonies et aux mandats français, promesse qu'il n'a à l'évidence
aucune intention de tenir à brève échéance. Il ne reste plus
aux Arabes nationalistes que la solution de la rébellion
voire de la conquête du pouvoir, en Afrique du Nord
comme au Levant.

Le 8 mai 1945, jour même de la victoire des Alliés en Europe, des émeutes éclatent dans la petite ville de Sétif, en Algérie. On dénombre parmi les citoyens français une centaine de victimes et autant de blessés. Les représailles qui suivent font pourtant selon les estimations les plus réservées au moins six mille morts dans la population algérienne (vingt mille selon d'autres). Au même instant l'ordre s'effondre en Syrie et au Liban — plus de quatre cents Syriens sont tués, et le parlement de Damas est détruit. Les forces britanniques temporairement installées en Syrie et au Liban durant la guerre ordonnent aux troupes françaises bien plus faibles de se replier dans leurs casernes, ce qui revient de fait à nier la tutelle française et à conférer l'indépendance aux deux territoires. Sur place, le ministre plénipotentiaire britannique, le général Spears, n'est, selon son biographe Max Egremont, «pas très loin du vice-roi». À Paris, depuis l'Assemblée consultative, Georges Bidault avertit les Britanniques par ces mots : «*Hodie mihi, cras tibi.*» («Aujourd'hui c'est moi, demain ton tour.») Aux yeux des Français la politique de Londres consistant à se servir de ses positions en Égypte et en Palestine pour contrecarrer la France atteint un point critique.

En ce même mois de mai, Haj Amin al-Husseini, le mufti de Jérusalem, son équipe de seize lieutenants, ainsi que Günther Obenhoff, l'officier qui lui a été assigné par la Gestapo, quittent la Silésie libérée de l'occupation allemande et se réfugient en Suisse. L'asile leur étant refusé, ils passent en Allemagne pour se trouver bientôt entre les mains des autorités françaises d'occupation. Haj Amin al-Husseini a été le grand ordonnateur de la révolte de 1936, qui coûta la vie à un grand nombre de Britanniques, de Juifs et plus encore d'Arabes. C'est aussi à lui que l'on doit le rejet, en 1937, des conclusions de la commission Peel, réunie par le gouvernement de Londres, recommandant pour la première fois une partition de la terre entre sionistes et Arabes. Réfugié au Liban un an plus tard avec, déjà, la complicité des Français, Haj Amin al-Husseini avait participé au coup d'État antibritannique et pronazi de 1941 en Irak et s'était envolé pour Berlin.

Des photographies le montrent en cafetan et turban aux côtés de Hitler, Goebbels, Himmler et Eichmann, lors de réunions privées ou publiques au cours desquelles il multiplie les déclarations en faveur de la politique nazie d'extermination des Juifs. Il y contribuera en menant une campagne enthousiaste pour mettre sur pied une division SS composée de musulmans bosniaques. Après le débarquement des Alliés en Afrique du Nord en novembre 1942, Haj Amin al-Husseini écrit un mémorandum dans lequel il presse Hitler d'utiliser les populations locales afin de briser l'«étranglement judéo-anglo-protestant». En décembre de la même année, il écrit à l'activiste politique Shakib Arslan, qui identifie lui aussi le combat nationaliste arabe au nazisme. Le tour que prend la guerre, lui écrit Haj Amin al-Husseini, a au moins pour avantage que «la France, ce grand ennemi des musulmans et des Arabes, est brisée (...). Elle ne sera plus jamais capable de jouer un rôle important dans la politique mondiale». Le contenu de cette lettre a été dévoilé à Berlin et les Français ne peuvent douter une seconde des sentiments de Haj Amin al-Husseini au spectacle de leur chute. Ils ne peuvent pas non plus douter qu'en dépit de leurs efforts pour séduire les Arabes, la grande majorité d'entre eux partage le point de vue du grand mufti. À la fin de la guerre, Américains, Britanniques et Yougoslaves vont chercher à le faire extrader afin de le juger comme criminel de guerre.

Le 11 mai 1945, le ministre de l'Intérieur prévient le Quai d'Orsay des informations données lors d'un interrogatoire par un officier de la Gestapo, selon lesquelles Haj Amin al-Husseini a été « le cerveau de l'espionnage allemand dans tous les pays musulmans et principalement dans ceux de langue arabe[58] ». Le lendemain, depuis l'ambassade du Caire, Jean Lescuyer envoie un télégramme confirmant ce qui sera désormais la ligne officielle : Haj Amin al-Husseini tient entre ses mains l'avenir de la Palestine. Il a le pouvoir en tant que chef religieux d'imposer sa volonté à la Ligue arabe récemment créée. « Le grand mufti a certainement trahi la cause des Alliés, mais il a surtout trahi celle de l'Angleterre sans nous atteindre directement. Rien ne nous oblige donc — semble-t-il — à entreprendre nous-mêmes une action à son encontre qui ne pourrait que nous nuire dans les pays arabes[59]. » Un autre télégramme, daté du 16 mai, en provenance de l'ambassade de Beyrouth, d'où Haj Amin al-Husseini orchestre les troubles en Palestine sous l'œil bienveillant de la France, demande une clarification de son statut : « Je serais reconnaissant au ministère de me faire savoir dans quelles conditions Haj Amin al-Husseini se trouve incarcéré pour que je puisse éventuellement, et avec toute la discrétion nécessaire, rassurer ses amis. » Il est également question de lui remettre l'argent offert par Sami Solh, ex-Premier ministre libanais. Jean Chauvel, devenu secrétaire général du Quai, confirme au ministère de la Défense nationale, dans une note du 18 mai notée « urgente », les informations reçues émanant de diplomates français sur le terrain, selon lesquelles Haj Amin al-Husseini est « capable de s'imposer à la communauté musulmane » et en particulier aux pays arabes : « Ce sont des facteurs dont il convient de tenir compte parce que le problème de la Palestine reste ouvert. Toute mesure prise à l'encontre du grand mufti [risque] ainsi d'avoir des répercussions en Orient et par voie de conséquence dans nos protectorats d'Afrique du Nord. »

Le 23 mai, Jean Chauvel a pris sa décision et en informe les ambassades concernées, tandis que les organisations juives et les chancelleries alliées expriment déjà leur stupéfaction : « En dépit des charges très lourdes qui pèsent contre lui, Haj Amin doit être traité avec considération. » La raison invoquée est son « prestige religieux ». Une note anonyme du 30 mai, apparemment de la main du secrétaire général, expose que « l'ignorance des problèmes musulmans par le Quai d'Orsay a toujours été remarquable », et sous-entend que ses propres analyses en la matière sont de loin supérieures. Avant la guerre, la France aurait dû garder Haj Amin al-Husseini en sûreté plutôt que de l'expulser vers la Syrie. Seul le découragement l'a poussé dans les bras de Hitler. « Au moment où la politique du général Spears tend à nous rejeter complètement de la Syrie et du Liban, il *faudrait nous servir de la forte personnalité tombée dans nos mains et surtout nous refuser de la livrer à nos amis anglais* [a]. »

Haj Amin al-Husseini est bientôt hébergé dans une villa

---

a. C'est Jean Chauvel qui souligne.

de la banlieue parisienne, en compagnie de deux secrétaires et d'un cuisinier fournis par la mosquée de Paris. Un officier de police, le directeur de la police judiciaire de la préfecture de police Deveaux[a], a la responsabilité de sa sécurité et de le surveiller. Henri Ponsot, ancien haut-commissaire et ambassadeur au Liban et en Syrie, qui sert d'intermédiaire entre le Quai et Haj Amin al-Husseini, se dit impressionné par « un certain air de dignité et de grâce aristocratique » émanant de ce dernier, ainsi que par sa maîtrise intellectuelle et son français. Quant aux crimes de guerre, il prétend n'avoir rien su des camps d'extermination, ni entendu parler de celui qu'Henri Ponsot appelle (peut-être délibérément) « Karl Hichman » (Adolf Eichmann). Il développe pour Haj Amin al-Husseini sa vision selon laquelle la France et les États arabes pourraient facilement parvenir à un accord déterminant les futures frontières de la Syrie et de la Palestine selon leur souhait. Le Royaume-Uni est « incapable de se dégager de l'influence que le monde juif exerce sur sa politique ». Comme le précise Henri Ponsot dans son rapport du 26 juin, Haj Amin al-Husseini offre soit une collaboration « positive », auquel cas il calmera l'agitation arabe à propos de la Syrie, soit une collaboration « négative » qui ne manquera pas de provoquer des crises en Palestine, en Égypte, en Irak et en Transjordanie, « au bénéfice de notre propre politique[b] ».

Fin juillet, Haj Amin al-Husseini est transféré dans une confortable maison de campagne à Bougival, où il peut recevoir des visiteurs, se promener sous surveillance dans

a. Ou Devaux, voire Desvaux selon les documents.
b. Ces mots d'Henri Ponsot sont légèrement raturés sur le document original.

le parc et se rendre à Paris — où le couturier Lanvin lui coupe un costume sur mesure. Les documents mentionnent une aide matérielle et financière moyennant une bonne volonté croissante. Le 14 août, dans une note au Quai rapportant sa visite à Haj Amin al-Husseini, Louis Massignon ne peut se retenir de préciser qu'ils ont parlé arabe ensemble ; lui-même s'est adressé au mufti en l'appelant *za'aminaa* : notre guide ou chef d'équipe. Haj Amin al-Husseini, écrit-il, «est persuadé qu'il peut lancer une coopération franco-arabe durable» tant il est convaincu que «la France a une politique promusulmane». Il demande également à rencontrer les diplomates arabes car «le temps presse si les sionistes attaquent».

Sa libération est alors déjà en discussion au Quai d'Orsay. Depuis l'ambassade de Londres, René Massigli prévient, le 17 août, que si envoyer Haj Amin al-Husseini dans un pays arabe peut rassurer les musulmans, son retour grâce à la France n'importe où à proximité de la Transjordanie et de la Palestine lui permettra en revanche de recommencer «ses intrigues». Si les Britanniques insistent pour le juger, commente Jean Chauvel en octobre, «nous serons probablement amenés à faire filer l'intéressé en Suisse». En avril 1946, la presse française publie la nouvelle que Paris ne s'opposera officieusement pas à son départ pour un pays arabe. Il comprend aussitôt le message et le 29 mai 1946 quitte l'aéroport d'Orly dans un vol TWA à destination du Caire. Sous le nom du domestique arabe autrefois mis à sa disposition par les nazis, et vêtu de son complet Lanvin, il voyage avec un faux passeport syrien. Au Caire, des membres de la légation française auront des entretiens réguliers avec lui. L'ambassadeur Gilbert Arvengas se réjouit de «l'intérêt tout particulier qu'il porte au développement d'une action culturelle française», tout en éprouvant quelques réserves sur sa fiabilité.

Le 11 octobre, Haj Amin al-Husseini publie une déclaration officielle pour remercier les autorités françaises de leur hospitalité comme de l'accord tacite donné à son évasion. Deveaux a cependant été suspendu pour négligence, et le mufti plaide en sa faveur : «M. Deveaux est pour moi un ami doué de qualités exceptionnelles. C'est à mon sens un grand diplomate et il serait regrettable que la France se prive de ses services, particulièrement au Proche-Orient.» Il n'est pas moins avare de compliments pour Henri Ponsot et surtout Jean Lescuyer qui, écrit-il, «a fait montre à l'égard de mes amis palestiniens d'une très grande sollicitude».

La suite montre qu'il n'a guère de crainte à avoir. Deveaux, tout de suite réintégré, sera par la suite promu. Sa suspension n'aura été qu'un rideau de fumée. Dans une annexe secrète à ses remerciements, Haj Amin al-Husseini revient sur son thème de prédilection : les gouvernements britannique et américain sont aux mains des Juifs. «Il en était d'ailleurs de même en Allemagne où, grâce à la simplicité naturelle des dirigeants, les israélites, avant Hitler, avaient pris toutes les rênes.» À présent, dit-il aux Français, «votre civilisation, votre spiritualité, votre libéralisme» vont rapprocher la France et les Arabes.

Du Caire, Haj Amin al-Husseini passe au Liban, où il reste en contact avec les officiels français. Le 29 juin 1949, Gilbert Arvengas rapporte ainsi qu'un collègue du nom de Lescot a rendu visite au mufti pour l'écouter faire l'éloge du roi d'Égypte Farouk et de son dynamisme peu de temps avant qu'il ne soit renversé. Il se montre également enthousiaste à propos de Husni Zaïm, un officier syrien qui vient de prendre le pouvoir à la suite d'un coup d'État. La France lui a fourni des armes, à la satisfaction du mufti qui rassure Lescot quant à la «prompte restauration de l'amitié traditionnelle franco-musulmane». Il espère alors un soutien de Husni Zaïm contre Israël, mais le général syrien est assassiné quelques mois plus tard et Haj Amin al-Husseini doit changer son fusil d'épaule : il envisage dès lors la possibilité d'un soulèvement général contre le roi Abdullah de Jordanie, qu'il fera assassiner à Jérusalem peu de temps après.

Le choix de la realpolitik permet de comprendre pourquoi on passe parfois sur les crimes de ceux que l'on s'apprête à utiliser pour mener à bien ses fins. En l'occurrence, il s'agit de nuire aux Britanniques. Reste qu'au-delà de ses crimes, le mufti n'a jamais été qu'un obscur comploteur local poussé sur le devant de la scène européenne par Hitler. La conviction absurde que la cause sioniste avait partie liée avec la domination britannique au Levant a conduit le Quai d'Orsay à un nouveau contresens sur le sionisme et à pactiser avec son pire ennemi au nom d'une communauté d'intérêts franco-arabe totalement imaginaire, comme le montre la francophobie du mufti et de ses amis avant la guerre. Motivés par l'obsession anachronique de la grande Syrie et considérant l'extermination des Juifs comme un détail négligeable [a], dans le droit-fil des comptes rendus de

a. Dans ses *Souvenirs d'ambassade à Berlin* (Paris, 1946) couvrant la période 1931-1938, l'ambassadeur André François-Poncet ne consacre pas une ligne à la question juive ! Il se contentera de décrire l'antisémitisme nazi sans même le juger dans *De Versailles à Potsdam* (Paris, 1971, p. 167-168). À l'inverse, Armand

pogroms au début du xxᵉ siècle, les diplomates français ont donc choisi de jouer la carte du mufti contre le Royaume-Uni. Dès lors, Haj Amin al-Husseini orchestre, du mieux qu'il peut, sa politique «négative» de violence contre l'État naissant d'Israël, une politique qui ne peut que causer la ruine des Palestiniens et continue de peser sur le Moyen-Orient aujourd'hui.

Bérard, son subordonné, rapporte les persécutions dans *Un ambassadeur se souvient* (Paris, 1976, t. 1).

10

Israël, « pernicieux exemple et grand péril »

Officiellement la France est du côté des vainqueurs à la fin de la Seconde Guerre mondiale. En réalité, elle ressemble alors bien plus à un pays vaincu. Sa place dans le monde est à reconstruire presque entièrement.

L'état d'esprit du Quai d'Orsay reste quant à lui intact : c'est l'une des rares administrations à n'avoir pas connu de douloureuse épuration. Certes, les nominations d'ambassadeurs par le régime de Vichy ont été cassées et quelques fonctionnaires rayés des cadres par la commission d'épuration. On ne peut nier que le ministère est épuré. Mais l'ensemble du personnel diplomatique ne peut changer, faute de voir la France tout simplement privée de diplomates. Or le général de Gaulle a plus que jamais besoin de donner au monde l'illusion de sa puissance, et celle-ci repose en bonne part tant sur ses propres victoires diplomatiques — attribution d'une zone d'occupation en Allemagne et en Autriche ainsi que d'un siège de membre permanent au Conseil de sécurité des Nations unies — que sur l'empire colonial récupéré. En 1944, il y a donc pénurie de diplomates. Dès avril, un recrutement dit « complémentaire » est mis sur pied dans le cadre de la France libre. Il ouvre la Carrière à certains résistants. Les cent quatre-vingts fonctionnaires ainsi recrutés apportent du sang neuf à un système qui fonctionnait jusqu'alors par cooptation. Cela ne suffit bien sûr pas à constituer une diplomatie véritablement «épurée», d'autant que les recours déposés contre les décisions de la commission d'épuration seront souvent couronnés de succès dans les années suivantes. Le mépris dans lequel les nouveaux venus sont tenus par la majorité des anciens au passé vichyste témoigne d'un état d'esprit inchangé — plusieurs décennies plus tard, ce sera encore le cas. Quant à la proposition de Raymond Brugère, devenu secrétaire général, de revoir la politique d'avancement au profit des prisonniers de guerre et des résistants, elle n'est guère appréciée[60].

Retenons un seul nom parmi ces nouveaux arrivants, celui de Romain Gary, résistant de la première heure. C'est parce qu'il est juif que l'ambassadeur en Grèce le refusera dans son équipe en 1949[61]. Par la suite, cette étiquette ajoutera à l'animosité que lui témoignera le sévère ministre des Affaires étrangères Maurice Couve de Murville, agacé par le caractère fantasque de l'écrivain.

En 1945, le gouvernement crée l'École nationale d'administration, dont le but est de former les hauts fonctionnaires en leur insufflant l'âme républicaine. En théorie, cela représente une véritable révolution, notamment pour la diplomatie, qui voit ainsi tomber la frontière presque infranchissable entre les carrières consulaires, où les Juifs étaient présents, et la Carrière, celle qui mène à la dignité d'ambassadeur de France, d'où ils étaient absents. De fait, l'exclusion des Juifs, que la cooptation rendait possible, s'évanouit et certains sont nommés ambassadeurs. La diplomatie se démocratise avec cinquante ans de retard sur le reste de l'État. Du ministre à certains hauts fonctionnaires, l'antisémitisme est absent. Georges Bidault, ministre des Affaires étrangères à de nombreuses reprises entre 1944 et 1953, s'est emporté avant-guerre contre l'antisémitisme nazi. Jean-Marie Soutou, résistant et pionnier de *Témoignage chrétien* avant d'entrer dans la Carrière, fut en 1942-1943 un des hommes clés de l'Amitié chrétienne, organisation lyonnaise d'aide aux Juifs persécutés.

Les diplomates du Quai d'Orsay, l'ambassadeur Dumaine en tête, se plaindront d'ailleurs de l'affaiblissement de leur ministère dans les décennies suivantes, au motif de l'intrusion d'un personnel étranger à la Carrière, à la fin des années 40.

Le 3 décembre 1945, dans sa section spéciale des affaires religieuses qu'il occupe au Quai depuis la fin des années 20, Louis Canet donne son avis sur une association de jeunesse juive. Le ton rappelle l'avant-guerre. Le diplomate recommande à ses supérieurs d'agir « avec beaucoup de prudence et de circonspection dans cette affaire qui intéresse à la fois le judaïsme international, la franc-maçonnerie et les organisations ouvrières internationales, mais aussi, et en sens inverse, la francisation des Juifs étrangers et la protection du judaïsme français contre certaines influences étrangères que lui-même redoute et déplore[62].» Ce texte, impensable dans une autre administration, donne le ton : le Quai d'Orsay est fidèle à ses traditions. En avril déjà, un comité a été établi afin d'« examiner les différents problèmes posés par la question juive ». Son nom — Comité d'étude des questions juives —, son propos comme son langage trahissent les souvenirs vichystes. Son président Henri Ponsot, considéré comme l'une des plus éminentes autorités du ministère sur les questions moyen-orientales, fait régulièrement appel au mufti Haj Amin al-Husseini.

Henri Ponsot rappelle dès la première séance du comité que la France doit agir conformément « à ses intérêts propres et à sa tradition idéologique[63] ». Malheureusement, ces intérêts sont plus souvent imaginés que pensés avec réalisme par les diplomates, comme le prouve l'affaire du mufti ou une note rédigée par Bargeton sur la création d'un État juif, concluant qu'il devrait être installé… en Éthiopie ! Quant à la tradition que rappelle Henri Ponsot, elle est plus celle du Quai d'Orsay que celle de la France des Lumières.

Aux yeux des diplomates français, le sionisme reste donc plus que jamais le seul obstacle à l'épanouissement des relations entre la France et les pays arabes, ainsi que d'innombrables commentaires et témoignages en attestent. L'historien Jean-Baptiste Duroselle observe ainsi en passant que le premier ministre des Affaires étrangères d'après-guerre, Georges Bidault, n'est pas dans un premier temps « insensible aux arguments des islamisants au Quai d'Orsay ». Christian Pineau, l'un de ses successeurs, bien disposé envers Israël, s'avère être le gendre de Jean Giraudoux avec lequel il ne partage aucun préjugé, tant s'en faut. Le Quai d'Orsay, note-t-il dans son autobiographie, se laisse conduire dans sa politique moyen-orientale par un antisémitisme « plus ou moins conscient ». En retour, Jean Chauvel, devenu ambassadeur à Londres, prévient les journalistes contre lui et coupe court à ses initiatives. On trouve dans ses propres Mémoires cette remarque orientée et significative selon laquelle à la fin de la guerre «les Juifs et les communistes, naguère intouchables et d'ailleurs déportés ou clandestins, ont été réintégrés avec honneurs dans la communauté».

Entre Paris et Jérusalem, de Tsilla Hershco, est une étude exhaustive et particulièrement documentée de la position française durant les années cruciales conduisant à la création de l'État d'Israël. Elle montre avec force détails comment la politique française est alors pour une part «fréquemment inspirée par le désir de complaire aux Arabes», et, pour une autre, fondée sur l'hostilité traditionnelle du Quai au sionisme, lequel est considéré comme un danger pour les intérêts français, et en particulier les Lieux saints dont les Français se veulent toujours les protecteurs. Tsilla Hershco cite notamment un document de travail anonyme du Quai d'Orsay écrit dans le plus pur style vichyste, selon lequel les persécutions des Juifs en France durant l'Occupation sont à mettre sur le compte exclusif des Allemands. Le rapport recommande que les réparations raisonnables des injustices commises «s'accompagnent, sur le plan administratif et professionnel, des précautions propres à prévenir la reconquête par les Juifs des postes influents où leur présence massive ne serait plus aisément acceptée par une opinion mise en éveil». Le mouvement sioniste ne pouvant en aucun cas faire venir plusieurs centaines de milliers de Juifs en Palestine sans causer de sérieux problèmes dans le monde arabe, le comité se doit donc d'étudier la possibilité de créer un État juif quelque part en Europe centrale ou orientale. Selon ce même rapport, une telle initiative représente une solution «humanitaire» susceptible de «libérer les peuples d'une obsession qui a littéralement, au cours des dernières années, empoisonné l'Europe». On mesure le réalisme au nom duquel les Juifs sont encore et toujours sacrifiés.

Selon un autre compte rendu de réunion du comité daté du 21 avril 1945, l'internationalisation du mandat britannique en Palestine apparaissant imminente, la France se doit de jouer dans la région un rôle neuf : «Il est probable que de nombreux israélites, qui ont dû, sous une pression quelconque, quitter leur pays d'origine ou leur résidence, ne voudront point y retourner. Aussi peut-on se demander si, d'une part, il pourra paraître utile d'inclure dans les traités de paix des clauses de minorités en faveur des israélites, et si, d'autre part, il sera désirable de favoriser, dans une mesure quelconque, leur établissement soit en Palestine, soit dans un autre territoire à déterminer.» Dans les archives du Quai d'Orsay l'extermination des Juifs et ses conséquences ne figurent jamais autrement que dans ce style contourné et euphémisé. Dès le 25 avril 1945, une note au comité signée de Bargeton conclut que le sionisme présente «des obstacles insurmontables». La Palestine n'est pas le lieu adéquat pour l'établissement d'un État juif. Jérusalem, «ville sainte pour toutes les communautés chrétiennes (…) pour les musulmans comme pour les Juifs, ne saurait être mise sous l'autorité d'un pouvoir politique qui, lui-même, ne peut se partager».

Les personnalités sionistes avec lesquelles les diplomates français se voient contraints de traiter sont ouvertement considérées avec mépris, comme en attestent les lieux communs antisémites qui parsèment plusieurs documents officiels du Quai d'Orsay. Ainsi David Ben Gourion est-il présenté comme « avide de pouvoir ». Dans le dossier personnel qui lui est consacré on peut lire cette notation manuscrite étonnante que l'on retrouve dans tous les dossiers des leaders sionistes après la date de création de l'État d'Israël : « Nationalité : juive[64] ». Moshe Shertok, son successeur à la tête du gouvernement israélien en 1954 sous le nom de Moshe Sharett[a], n'est encore en 1945 que chef du département politique de l'Agence juive. Son dossier porte la même remarque, à laquelle s'ajoute une note séparée : « Sa formation intellectuelle est très éloignée de la nôtre (…). Il est, comme tant de ses compatriotes, fort bien doué pour le journalisme de propagande, mais beaucoup moins pour la politique. » Abba Eban, qui sera ministre des Affaires étrangères d'Israël entre 1966 et 1974, se voit quant à lui affublé d'un « art de jouer l'offensé et de travestir les faits ». Le consul à Haïfa Pierre Landy écrit à propos de Menahem Begin qu'il vient de rencontrer : « De mise modeste, il a le dehors effacé d'un petit négociant de la rue d'Aboukir[65]. » Walter Eytan, directeur général du ministère israélien des Affaires étrangères, est décrit par René Neuville, consul général à Jérusalem entre 1946 et 1952, comme « complètement imperméable aux conceptions du monde latin (…). Il jouit du préjugé favorable à tous les Juifs éduqués en Angleterre ou en Allemagne, qui font ici figure de gens de grande culture par rapport à la masse des politiciens ou fonctionnaires originaires de l'Europe orientale[66] ». Fischer, premier ambassadeur israélien à Paris, sera décrit par Jacques Dumaine comme « doué du

---

a. Moshe Sharett parlait arabe couramment et fut l'un des premiers dirigeants israéliens à défendre l'idée de négociations avec les pays arabes (*N.d.T.*).

millénaire complexe d'infériorité de sa race. La conversation avec lui cesse d'être diplomatique pour devenir talmudique[67]». Décidément, le Juif qui a survécu à la Shoah
reste un mercanti ou un agitateur.

Les représentants français à Beyrouth, Damas, Amman
et au Caire insistent de plus en plus urgemment sur le fait
qu'un soutien au sionisme et à l'État d'Israël naissant ne
peut qu'aggraver le nationalisme arabe et en conséquence
heurter les intérêts français. Les considérations morales, le
bien et le mal ne sont pas pris en compte ; à l'exclusion de
toute autre chose le maintien de la puissance coloniale est
en jeu, ou plutôt l'image que l'on s'en fait encore au Quai.
Armand du Chayla, ambassadeur au Liban, compare Israël
au Japon pendant la Seconde Guerre mondiale, deux pays
selon lui dotés d'une « égale volonté exacerbée de pouvoir »,
et conduisant à une catastrophe comparable.

D'autres diplomates s'efforcent de bâtir une vision plus
positive sur la base de la présence culturelle française et
de la défense de la chrétienté en Terre sainte. Le territoire
sous mandat britannique abritait quelque soixante-dix institutions françaises, dont trente-six écoles rassemblant en
tout huit mille élèves. La majorité des centres culturels et
scolaires français, des hôpitaux et des centres sociaux se
trouvent à Jérusalem et tous sont catholiques. Les écoles
de l'Alliance israélite enseignent en français, et bien qu'en
théorie ouvertes aux autres confessions sont de fait réservées aux enfants juifs [a]. La présence française est incontes-

a. Robert de Caix partage ainsi les craintes des religieux français « lorsqu'on
songe à l'hostilité des sionistes pour les écoles de l'Alliance israélite universelle,
coupables de propager la langue et la culture françaises, culture particulière-

table. Mais en défendant leurs intérêts avec les seuls arguments du privilège et de la suprématie, les diplomates français se condamnent au chauvinisme et au sentimentalisme, et délaissent les faits concrets. La direction d'Afrique-Levant fait preuve de ce que Tsilla Hershco appelle «une bonne dose d'incompréhension face à la réalité politique qui prévalait dans la région».

Pour le Quai d'Orsay, il est de bon ton de s'apitoyer sur le sort des Juifs, sans rien faire pour soulager les victimes des pogroms ou de la Shoah : ils ne doivent en aucun cas décider de leur destin. Le ministère est de ce fait complètement incapable de comprendre la réponse sioniste aux atrocités nazies. Ainsi le comte Guy du Chaylard, consul général à Jérusalem, doute-t-il encore, malgré la solidité de l'administration juive sous l'autorité mandataire, que les Juifs aient la moindre capacité à créer un État. Le 17 mai 1945, il rapporte au sous-directeur d'Afrique-Levant que les persécutions n'ont épuisé chez les Juifs ni la mémoire de leurs pays d'origine ni leur «Kultur germanique» : «Je suis bien persuadé que le plus grand nombre de ces réfugiés quitteront la Palestine où beaucoup séjournent uniquement pour le motif de sécurité, aussitôt que les circonstances le permettront.» Il revient sur le thème le 3 septembre 1945, à propos de récents immigrants qui se laissent aller «à une sorte de tourisme gratuit».

---

ment antipathique aux yeux de ces nationalistes passionnés, parce que, sans doute, elle est particulièrement propre par son caractère largement humain à faire perdre aux israélites l'esprit de tribu» (dans MAE-CPC/E-Levant/Palestine/1918-1940/vol. 14, lettre du 19 oct. 1920). Pour le diplomate français, l'hébreu est donc inhumain et le christianisme universel à l'inverse du judaïsme.

De son côté, René Neuville poursuit inlassablement la dénonciation du fanatisme, du racisme et de la violence des Juifs de Palestine : «Entre les Arabes et les Juifs, qui opposent de part et d'autre (…) le fanatisme religieux et les préjugés raciaux, le christianisme, avec son caractère universel et tolérant, risque de voir ses adeptes en même temps que son prestige condamnés (…) à un sort très fâcheux.» Pierre Landy utilise à l'occasion l'expression «Gestapo israélienne[68]». Pour lui, les villes de Saint-Jean-d'Acre et de Nazareth «ne sont rien que deux camps de concentration pour les Arabes et même les étrangers[69]».

Le stéréotype de la lâcheté juive contredit plus ou moins celui du Juif oppresseur voire nazi, mais les deux circulent au Quai d'Orsay avec la même intensité. La coexistence de vices *a priori* incompatibles est d'ailleurs un trait caractéristique de l'antisémitisme qui a toujours fait des Juifs à la fois les valets du grand capital et les agents de la propagation du marxisme. À la date du 8 septembre 1950, Jacques Dumaine note dans son journal une réflexion qui lui est venue durant une promenade dans Paris. La panique, écrit-il, est «l'une des réactions nerveuses d'origine de la race juive», ce qui l'amène à conclure que «même avant de pratiquer le commerce, les Juifs ont éprouvé le besoin de fuir[70]». On se demande vraiment ce qui a poussé les Juifs à fuir l'Europe dans les années 40.

René Neuville a connu comme archéologue la Palestine mandataire et ses troubles de l'entre-deux-guerres. Il a été vice-consul à Jérusalem de 1928 à 1937, où il s'est convaincu que les restrictions apportées par les Britanniques à l'immigration en Palestine ouvraient «toutes grandes aux sionistes les portes de la Syrie[71]» française [a]. Incontestablement intelligent et appliqué, aussi sincère qu'étroit d'esprit, par son incapacité à saisir l'idée d'un État juif, René Neuville fournit un véritable cas d'école en matière d'aveuglement politique au sein du Quai. Les Juifs, écrit-il dans une longue dépêche du 12 avril 1947, sont «foncièrement racistes — au moins autant que leurs persécuteurs allemands et en dépit de leur affectation démocratique». Depuis les temps bibliques, leurs législateurs se sont toujours évertués à s'imprégner de l'idée qu'ils sont un peuple choisi de Dieu, et cela a nourri une xénophobie et un fanatisme qui ne peuvent pas être attribués au seul chauvinisme. La presse sioniste, ajoute-t-il, «retrouve à n'en point douter les traits ancestraux d'un génie tout oriental[72]». Il ajoute dans une lettre personnelle écrite à Roland de Margerie, sous-directeur d'Afrique-Levant, le fond de sa pensée à propos des Israéliens : «L'orgueil de ce peuple est incommensurable; il serait comique si on n'en était constamment abreuvé.»

Pour René Neuville, il ne faut sous aucun prétexte laisser aux Juifs le moindre contrôle sur les Lieux saints. Il se demande dans la même dépêche du 12 avril 1947 ce qu'il adviendra des institutions et intérêts français dans un État juif, et se prononce autant que possible en faveur de la mise en place d'un régime international afin de les protéger avec ce qu'ils représentent, c'est-à-dire «notre grandeur au

a. Il est impensable que René Neuville songe à une mainmise juive sur le Liban au motif que les Juifs y immigrent. Chacun sait alors que le Liban est pour eux une porte d'entrée en Palestine. La correspondance du Quai d'Orsay, et notamment une note spécifique d'Alexis Leger, montre bien que les diplomates français sont au courant de ces tentatives. Les consuls français ont pour consigne de veiller scrupuleusement à partir de 1933 à empêcher l'immigration juive en Palestine, interdite par les Britanniques.

Levant». Il s'oppose en conséquence à la partition, avec un fanatisme pas très éloigné de celui qu'il attribue lui-même aux Juifs. Dov Yossef, l'officier de liaison chargé du contact avec les équipes de l'Onu à Jérusalem, voit en lui un fervent catholique, qui s'est donné pour mission de faire de la France la protectrice de la foi : «Il se voyait désigné par la Providence pour sauver la Ville sainte au bénéfice de l'Église.»

Dans une autre dépêche tout aussi caractéristique datée du 4 avril 1948, René Neuville avertit qu'un État juif aura pour conséquence la mort de tous les espoirs placés dans l'Onu : «Avec le rêve de l'État juif, c'est aussi la grande espérance placée en l'Onu qui s'évanouit, et les Juifs n'ont peut-être pas tout à fait tort de le souligner. C'est, quoi qu'on fasse pour se le dissimuler et quelles qu'en soient les raisons supérieures, une victoire du passé sur le présent, de l'obscurantisme sur la lumière. Et pour nous Français — je me couvre de l'avis plus autorisé de nos représentants en Égypte, en Syrie, à Amman —, un pernicieux exemple, un grand péril[73].» Le même mois, il prophétise une victoire arabe et, dans le plus pur style Quai d'Orsay, se persuade qu'elle entraînera une vague de militantisme arabe, cette fois antifrançais, en Afrique du Nord. En septembre, la vision de Theodor Herzl est pour René Neuville contredite par la réalité : «Israël, démocrate chez les autres, est chez lui le plus raciste et le plus totalitaire des gouvernants.»

Le même mois, son collègue de Tel-Aviv Jacques Char-reyton «sent bien que l'État israélien de demain trouvera sa prospérité dans la vieille voie traditionnelle juive du négoce international, qui ne peut se réaliser sans l'appui des frères de race restés implantés hors de la Terre promise ». Tôt ou tard, estime-t-il, « le vieil esprit commerçant juif reprendra ses droits ». Israël, conclut Charreyton, est une « tache » sur le monde arabe, et se veut de plus « maître de cette partie du monde ».

La France se saisit de tous les instruments diplomatiques à sa disposition à l'Onu et œuvre en coulisses pour éviter ou reporter le vote crucial du 29 novembre 1947 sur la partition de la Palestine mandataire. Son représentant aux Nations unies, Alexandre Parodi, qui fait tout pour retarder la naissance de l'État juif, expliquera plus tard les tergiversations de la France par son désir de maintenir de bonnes relations avec les pays arabes. Un haut fonctionnaire anonyme du Quai écrit le 1er décembre au président du Conseil pour regretter que le vote finalement positif de la France en faveur de la partition ait détruit les efforts accomplis afin d'améliorer l'image du pays aux yeux des Arabes. La France, écrit-il, est désormais perçue comme une « république bananière » incapable de maintenir sa position face aux Britanniques, qui se sont abstenus lors du vote.

Le 29 juin 1948, le président de la République Vincent Auriol, régulièrement affligé par la mollesse, l'incurie et le conservatisme du Quai d'Orsay, prend conscience de la profondeur de la mystification et des paradoxes dans lesquels la diplomatie française s'est noyée : Alexandre Parodi lui a finalement expliqué, à l'issue d'un raisonnement tortueux, que maintenir un État juif au milieu du monde arabe représentait une garantie de stabilité, donc un avantage pour les intérêts français. Il fallait soutenir sa création mais de façon suffisamment prudente afin d'éviter quoi que ce soit qui ressemble à une défaite arabe[74].

La France se voit au bout du compte obligée de suivre l'exemple des grandes puissances et reconnaît Israël comme une réalité. Elle s'exécute *de facto* avec mauvaise grâce en janvier 1949, tandis que la reconnaissance *de jure* suivra quatre mois plus tard seulement.

À cette date, Israël a déjà accepté la restitution de toutes les possessions françaises, le versement à la France d'une indemnité pour tous les dégâts causés par les combats de 1948, ainsi que l'octroi d'un statut spécial aux institutions culturelles et religieuses françaises et à la France elle-même reconnue protectrice des Lieux saints, selon une insistance française que l'on peut juger proche du chantage. Conditionner la reconnaissance d'Israël au maintien des droits français dans le pays est ainsi, selon le jugement de Tsilla Hershco, « l'unique initiative » du Quai d'Orsay, et la somme totale de ses exploits. Par la suite, la France mènera une campagne ardente pour l'internationalisation de Jérusalem. La décision de l'Onu de 1949 conférant à la ville le statut de *corpus separatum* restera lettre morte : Israël et la Jordanie se répartiront les deux moitiés de la ville, séparées par un mur qui ne tombera que lors de la guerre des Six-Jours.

À peine nommé ambassadeur dans le nouvel État Félix-Édouard Guyon ne perd pas une seconde pour se rallier aux vues alarmistes de ses pairs. Il écrit au ministre des Affaires étrangères Robert Schuman, le 31 août 1949, que « la manière dont les dirigeants israéliens ont procédé rappelle celle du Reich hitlérien, lorsque après l'occupation des pays Baltes par les troupes soviétiques en 1940, il rapatria les Allemands du Baltikum (…). Les dirigeants d'Israël n'ont pas agi autrement, sinon toutefois avec moins de méthode et de rigueur scientifique».

De retour à son poste en avril 1949 (après une absence de quelques mois où il a été remplacé par le vice-consul Deciry, lui-même décrit comme un «anti-israélien patenté» par les fonctionnaires), René Neuville escorte son supérieur Jean Binoche, sous-directeur d'Afrique-Levant, lors de sa visite d'une semaine en Israël. Les deux hommes sont effondrés par la ruine des institutions françaises. Jean Binoche pleure la disparition dans la région du «style roman français, si noble et si pur, adopté au XIIe siècle par les croisades». Quant aux Arabes de Galilée, ils vivent toujours dans «un vaste camp de concentration (…). Le sort réservé aux Arabes n'est pas humain[75]». On est en mal de trouver la même compassion pour les Juifs dans les camps nazis quelques années plus tôt. L'apitoiement par l'emphase tranche ici avec les litotes utilisées pour décrire la Shoah.

Jean Binoche écrit également dans une note au Quai, à propos de son collègue René Neuville : «Sans doute n'a-t-il pas bon caractère, il est susceptible, ombrageux, amer, mais il a une ardeur dont je ne connais pas beaucoup d'exemples parmi les gens de la maison. Sans doute, de son propre aveu, n'a-t-il pas réussi à obtenir grand-chose : mais l'histoire des consulats français à Jérusalem n'est guère qu'une suite d'échecs.» Jean Binoche recommande de garder René Neuville à son poste, et propose de le faire venir à Paris pour s'entretenir avec Guyon et Dumarçay, respectivement en poste à Tel-Aviv et Amman. «Aujourd'hui, note le mélancolique Jean Binoche, il est indispensable pour le ministère de définir clairement la ligne politique française.» Il suggère également, dans un rapport du 24 octobre 1952,

qu'«il pourrait y avoir avantage à provoquer la création
d'un comité spécial, jouissant de l'appui de hautes personnalités françaises et musulmanes, qui serait habilité à
recueillir des contributions (...). Cette initiative affirme-
rait d'une manière opportune l'intérêt que la France, puissance musulmane, porte à la conservation des Lieux saints
de l'islam».

Une fois passée la crise de l'indépendance et Israël pleinement devenu un État, les fonctionnaires français sur
place s'avèrent incapables de s'ajuster à la nouvelle réalité,
ou s'y refusent. Dans un document daté du 4 mai 1960 par
exemple, Jean Binaud, consul à Haïfa, rend compte d'un
meeting de l'Internationale socialiste organisé dans la ville
— le premier en fait, tenu hors d'Europe. «C'est pour flatter l'amour-propre d'Israël, écrit-il, et sans doute pour
marquer cette première "sortie d'Europe"» que les délé-
gations sont «anormalement importantes». Quant aux
Israéliens eux-mêmes, ils n'ont pas laissé passer cette
chance de faire valoir ce rôle de «poste avancé de la civilisation occidentale qu'ils aiment s'attribuer dans le concert
des nations récemment promues à l'indépendance[76]». De
façon non moins typique, C. de Sainte-Marie, le consul
général à Jérusalem, rend compte le 31 octobre 1961 de la
visite en ville de Pierre Minot, président du conseil muni-
cipal de Paris. Lors d'un déjeuner en son honneur à l'hôtel
King David, ce dernier a exprimé au maire de Jérusalem
ses souhaits les plus chaleureux pour la «superbe capitale». La France a toujours clamé plus fort que les autres
nations son refus de reconnaître Jérusalem comme capitale d'Israël. Pierre Minot s'est sans nul doute laissé
emporter par le désir de plaire à son hôte, mais à l'avenir,

conclut de façon pincée C. de Sainte-Marie, les personnalités invitées dans la ville devraient être prévenues contre « toute déclaration susceptible de porter atteinte à la position française concernant la Ville sainte[77] ».

Dans ses Mémoires, Henri Froment-Meurice donne une vision des choix du ministère en jouant toujours des euphémismes propres au style diplomatique : « Le Quai d'Orsay, en 1950, ne me parut pas exagérément israélophile (...). Conserver les Arabes dans le camp occidental et ne pas les rejeter vers l'URSS où même le neutralisme était considéré comme un impératif majeur. Bref, c'était à une politique d'équilibre qu'on s'efforçait, tâchant de concilier la morale, qui exigeait le maintien d'Israël, et l'intérêt, qui conseillait de ne pas se brouiller avec les Arabes, ne serait-ce que parce que nous en avions sous notre tutelle presque vingt millions[78]. » Étrange confession qui place Israël du côté de la morale, car il serait immoral de laisser se produire une nouvelle extermination des Juifs... Or, à cette date, le monde arabe est déjà acquis à la cause anticoloniale défendue par Moscou, et les ouvertures israéliennes invitant l'influence française à se substituer à l'influence britannique en Palestine, de même que les témoignages de sympathie juive à l'égard de la France rapportés par les diplomates en poste en Israël, sont ignorées[a]...

Rares sont cependant les diplomates qui mettent Israël dans le camp de la morale, on l'a vu. Leurs déclarations

a. Jacques Dumaine rapporte dans *Quai d'Orsay 1945-1951* (*op. cit.*, p. 365) comment le président israélien Chaïm Weizmann demande à la France de « revenir » en Palestine. Les ouvertures israéliennes sont décrites dans le livre de Tsilla Hershco, *Entre Paris et Jérusalem* (Paris, 2003). La francophilie des Juifs de Palestine est décrite par le consul général de France à Tel-Aviv dans MAE-CPC/Afrique-Levant/Généralités/1944-1965, vol. 373, 31 août 1947.

ont tout pour satisfaire les partisans du cliché d'un État qui n'aurait pas dû naître, fondamentalement raciste et violent. Alors qu'un siècle de persécutions a laissé le Quai d'Orsay largement indifférent, ses fonctionnaires épousent passionnément la cause arabe dès son premier jour. Les grandes lignes de la politique étrangère française vis-à-vis d'Israël héritent ainsi immédiatement des préjugés diplomatiques vieux de plusieurs décennies à l'égard des Juifs.

11

Une occasion à saisir

Au début des années 50, ce sont les responsables politiques qui vont imposer leur marque à la politique de la France au Moyen-Orient, et prendre à contre-pied les préjugés des diplomates. En 1952, le coup d'État de Gamal Abdel Nasser et des soi-disant Officiers libres répand telle une traînée de poudre le nationalisme arabe et le panislamisme auprès des couches populaires du monde arable. Dans chaque pays arabe, et tout spécialement à travers l'Afrique du Nord française, les nationalistes se veulent les imitateurs de Nasser. En novembre 1954, une série d'actes terroristes violents marque le début de la lutte du FLN algérien pour l'indépendance. La radio nassérienne, la Voix des Arabes, encourage régulièrement le FLN, qui dispose de quartiers généraux au Caire, et l'Égypte lui fournit clandestinement des armes.

Première cible de Nasser et du nationalisme arabe, Israël se trouve des intérêts communs avec la France dans sa lutte pour la conservation des territoires du Maghreb. L'idée simple que l'ennemi de mon ennemi est mon ami ne peut s'appliquer dans une situation complexe sur fond d'équilibre des forces et de guerre froide. Sous la IVe République, l'armée française collabore sans condition avec Israël pour renverser Nasser et préserver l'Algérie française. En dépit d'une hostilité marginale mais persistante des publications catholiques et du journaliste Jean Pleyber en particulier, les médias comme la population dans son ensemble soutiennent Israël. Si la culpabilité relative au souvenir des déportations joue son rôle, l'admiration pour la détermination du jeune État n'en est pas moins répandue et sincère. Plus qu'un renversement d'alliance dans le style de la vieille diplomatie, on a là un rejet populaire du Quai d'Orsay et de sa politique pro-arabe.

Dès avant la reconnaissance de l'État d'Israël, la France est devenue une véritable base arrière pour les sionistes. Le ministère des Affaires étrangères constitue le seul obstacle aux menées des ministères de la Défense nationale, de l'Intérieur et des Travaux publics et des Transports, très actifs dans le soutien matériel aux réseaux sionistes et qui sont impliqués dans des trafics d'armes combattus par les Britanniques.

Dès la fin des années 40, les ventes d'armes à elles seules assurent à la France une place centrale au Moyen-Orient. Dans l'optique israélienne, la fourniture d'avions, de chars et d'artillerie lourde est urgente afin d'empêcher Nasser d'exploiter la supériorité militaire qu'il a acquise grâce à l'URSS. Les États-Unis et le Royaume-Uni quant à eux se réfugient derrière une déclaration générale refusant de fournir des armes aux pays de la région. Les industriels français tout comme le ministre de la Défense nationale sont impatients de soutenir Israël. Cosignataire de la même déclaration que les Américains et les Britanniques, le Quai d'Orsay entreprend ingénieusement de bloquer les ventes, ou, quand c'est impossible, il s'assure que les livraisons seront trop minimes pour être efficaces. En mars 1956, Pierre Maillard, de la direction d'Afrique-Levant, informe son interlocuteur israélien que la vente d'armes françaises à Israël est une aberration, et que la coopération entre les deux pays n'a pas de fondement — alors même que cette coopération a été décidée par le gouvernement. Dès 1948, Fischer a d'ailleurs opposé l'attitude «désagréable du ministère à l'enthousiasme de la presse et du peuple français qui soutiennent la cause de l'État juif[79]».

Excédé par ce qui ressemble à une véritable idylle entre la France et Israël, le Quai d'Orsay s'oppose aux décisions politiques au nom d'un intérêt national que sa tradition lui permettrait de comprendre mieux que les électeurs, les élus, les parlementaires et les ministres. Le soutien à Israël, ancré dans la mémoire de la Résistance et de la déportation, se heurte inévitablement à l'héritage antisémite du Quai.

Si les socialistes de la SFIO ont joué un rôle essentiel dans le soutien à Israël, ils n'ont pas été les seuls. Dès 1952, le président du Conseil et ministre des Finances Antoine Pinay, qui n'avait rien d'un ancien résistant, a autorisé l'État d'Israël à lever en France l'emprunt international destiné à assurer le financement de son développement, à condition toutefois d'éviter la publicité. Devenu ministre des Affaires étrangères, en 1955, il se met cependant tout de suite au diapason du Quai d'Orsay.

Les luttes entre administrations de l'époque se livrent ainsi sur fond de complot. Le chef du gouvernement ou le ministre de la Défense nationale doivent cacher leurs activités aux diplomates qui sont censés travailler pour eux.

Pierre-Eugène Gilbert, ambassadeur de France en Israël de 1953 à 1959, tient sans doute une place à part parmi ses collègues puisqu'il est le premier diplomate du Quai à admirer ouvertement Israël. Ce n'est pas un hasard : il est l'un des très rares à ne pas avoir servi le gouvernement de Vichy ; il a même été membre de la commission d'épuration du Quai d'Orsay.

Pierre-Eugène Gilbert, qui parle hébreu, est devenu l'ami de plusieurs dirigeants israéliens, en premier lieu David Ben Gourion, et il présente les membres de l'*establishment* israélien de la défense à leurs homologues français à Paris, notamment Maurice Bourgès-Maunoury, ministre de la Défense nationale, et Abel Thomas, son directeur de cabinet, décrit par Sylvia Crosbie comme « l'homme clé de la IVe République ». *Comment Israël fut sauvé* est le titre des Mémoires d'Abel Thomas. Il y rapporte que les Israéliens se heurtent aux « litiges et aux chicanes avec le Quai d'Orsay pour la mise en œuvre des plus modestes contrats » et avoue que le chef du gouvernement le déplore autant que lui. « Il fut convenu que l'administration du Quai n'y serait en aucun cas mêlé[80] », conclut-il. Son frère, qui appartenait à la Résistance, est mort en camp de concentration. Ce n'est cependant pas là que se trouve la source de ses sentiments pro-israéliens. Pierre-Eugène Gilbert voit sincèrement dans le nationalisme arabe un danger qui doit être neutralisé avant qu'il ne se développe.

À la même époque, le Quai d'Orsay souhaite étendre les

ventes d'armes françaises... à la Syrie[81]. Rappelons qu'à cette date, l'Égypte, base arrière du FLN algérien, vient de signer un traité d'alliance avec la Syrie et négocie avec elle le projet d'une fédération arabe qui verra le jour en 1958. Le Quai d'Orsay ne suggère donc rien d'autre que de commercer avec ceux qui alimentent en armes les combattants contre lesquels sont engagés les soldats français.

L'achat d'armes tchèques en septembre 1955, puis la nationalisation du canal de Suez au mois de juillet suivant, sont les événements décisifs du règne de Nasser. Les gouvernements français et israélien s'accordent pour juger que seule une guerre préventive saura éliminer le danger qu'il représente. Guy Mollet, président du Conseil socialiste, entreprend de persuader les Britanniques hésitants de se joindre à la véritable conspiration qui aboutira à la campagne de Suez de 1956. Le ministre français des Affaires étrangères, Christian Pineau, consacre une partie de ses Mémoires, *Suez 1956*, à son inconfortable expérience avec l'administration du Quai d'Orsay. Il reconnaît que ses diplomates sont hautement qualifiés mais manquent à ce point de discipline qu'il ne peut leur faire confiance pour conduire la politique extérieure de la France. Le Quai d'Orsay lui rend la monnaie de sa pièce en jouant sur l'instabilité ministérielle du régime. On l'a vu : l'ambassadeur à Londres, pas moins, convoque les journalistes pour se répandre en déclarations contre son propre ministre : la position de Christian Pineau est si précaire, dit-il, qu'il est superflu de se soucier de ses fautes ou de son ignorance. En conséquence, le ministre donne instruction à l'ambassadeur Pierre-Eugène Gilbert de ne rendre compte qu'à lui seul. « Surtout pas un mot au Quai d'Orsay ! » conseillet-il au ministre de la Défense nationale Maurice Bourgès-Maunoury et à Abel Thomas, comme le note l'historien J. R. Tournoux[82].

Tant d'animosité et de secrets entre des personnalités chargées de prendre des décisions de la plus grande importance ne peuvent guère engendrer le succès. L'affaire de Suez est d'ailleurs dès l'origine mal engagée, à la fois parce qu'elle a pris une forme néocoloniale et parce que le gouvernement français voulait poursuivre sa guerre contre les nationalistes algériens par Israéliens interposés. Les États-Unis interviennent, obligeant d'abord les Britanniques puis les Français à rapatrier leurs forces d'Égypte, avant de contraindre Israël à se retirer du Sinaï et de la bande de Gaza.

En 1957, la France accepte de construire en Israël l'usine nucléaire de Dimona, une installation plus moderne que celles dont les ingénieurs français eux-mêmes disposent à l'époque, et qui constitue une coopération essentielle dans l'accession de la France et d'Israël au statut de puissance nucléaire. Si la république gaullienne se flatte d'avoir fait entrer la France dans le club nucléaire, les travaux qui l'ont permis sont cependant menés sous la IVe République, avec le concours d'ingénieurs israéliens.

Dimona sera le point d'orgue des relations entre les deux pays ; par la suite, elles ne cesseront de se détériorer.

12

Changement de régime

L'émergence de Nasser en tant que vainqueur politique de la crise de Suez transforme le nationalisme arabe au-delà de toute limite pour en faire la première idéologie du Moyen-Orient. Le FLN va de victoire politique en victoire politique, l'armée française mène un combat perdu d'avance pour sauver ce qui reste de l'ancien empire.

En 1958, sous la pression des événements algériens, le général de Gaulle joue une fois de plus le rôle du sauveur de la nation. Dans le contexte de la guerre froide, la France, pour des raisons tout à la fois culturelles, politiques et historiques, se range naturellement à l'Ouest, c'est-à-dire du côté américain. Cependant, dans la conception du général de Gaulle, la destinée de la France est de diriger, non de suivre une superpuissance comme un allié secondaire. Habitué tout au long de sa carrière à tirer le meilleur parti d'une apparente position de faiblesse, il escompte qu'une opposition aux États-Unis aura au pire un effet de nuisance et, au mieux, mettra la France en position de force, et permettra de défendre ses objectifs d'une façon bien plus efficace que ne le ferait une solidarité univoque avec Washington. Le risque est double : que l'antiaméricanisme de la France ne finisse par faire le jeu de l'Union soviétique, ou qu'il n'amène les États-Unis à se lancer dans une politique ignorant entièrement les intérêts de Paris. Par aveuglement ou mauvaise volonté, incapable de reconnaître la légèreté de sa position, le général de Gaulle se croit cependant seul capable de tracer la ligne étroite qu'il convient de suivre afin de permettre à la France de retrouver sa puissance perdue.

La Constitution de la Ve République n'a pas donné au président la conduite de la politique étrangère, elle précise seulement dans son article 5 qu'il «est le garant de l'indépendance nationale, de l'intégrité du territoire et du respect des traités». Pourtant, il s'en est emparé en pratique, et en a fait son «domaine réservé». Cela a pour résultat de réduire en grande partie le Quai d'Orsay à un rôle de conseil et d'administration, puis d'exécution de la volonté de l'Élysée. Selon le mot du socialiste Guy Mollet, chef du gouvernement en 1956-1957, «de Gaulle se croit investi d'une mission et tout doit se soumettre à ça. Il est comme Jeanne d'Arc». Proche du Général depuis 1942, l'ancien ministre des Affaires étrangères Christian Pineau estime, comme d'autres, que la plupart des réactions de ce dernier trouvent leur clé dans sa personnalité, plutôt que dans les réalités objectives. Il va ainsi prendre au fil des ans une série de décisions dictées par des considérations émotionnelles de prestige et de pouvoir symbolique bien plus que par la rationalité. Cela fera de la France un acteur presque aussi nuisible à la paix et à la stabilité au Moyen-Orient que l'Union soviétique.

Méthodiquement, le Quai d'Orsay prépare l'isolement d'Israël, tout d'abord en faisant traîner la signature de l'accord culturel franco-israélien, ensuite en laissant les entreprises françaises se soumettre au boycott économique d'Israël imposé par les pays arabes. En 1959, Renault annule ainsi l'implantation d'une usine d'assemblage sous licence à Haïfa afin de pouvoir en construire une autre en Égypte, avec la bénédiction du Quai d'Orsay. Jacques Soustelle, ministre de l'Outre-mer, des Affaires atomiques et du Sahara, a beau expliquer que Renault vendra plus de petites voitures dans un pays doté d'une classe moyenne, rien n'y fait. L'Égypte choisira cependant de faire construire une usine Fiat — et Renault se retrouvera sans usine du tout. « Une c... à la Renault[83] ! » conclut Pierre-Eugène Gilbert.

L'année suivante, David Ben Gourion rencontre le général de Gaulle à l'Élysée, et le Quai d'Orsay multiplie les signes destinés à montrer qu'il ne s'agit pas d'une visite d'État : le drapeau israélien ne flotte pas sur l'hôtel où séjourne David Ben Gourion, qui ne bénéfice pas non plus de l'escorte d'un chef d'État, etc. À cette date cependant, le général de Gaulle est encore séduit par le projet sioniste et lors de la seconde visite de David Ben Gourion, il lève son verre à « Israël, notre ami et notre allié ».

De nombreux sionistes témoignent par ailleurs de l'admiration du Général pour Israël et ses réussites. En 1948, contrairement au Quai, il a approuvé la création de l'État d'Israël, y compris l'incorporation, absente du plan de partition initial, en son sein de la Galilée et du Néguev, conquis lors de la guerre de 1948. L'ambassadeur Pierre-Eugène Gilbert le cite affirmant que « le monde arabe est un monde passionnel, parfois même démentiel ; qu'est-ce que vous voulez faire avec[84] ? ». Sa plus profonde conviction est sans doute que Juifs et Arabes doivent comme tout le monde suivre le but que lui, Charles de Gaulle, leur assigne. C'est à peu près ce qu'explique ouvertement Maurice Couve de Murville, ministre des Affaires étrangères, devant l'assemblée générale des Nations unies le 22 juin 1967 : la France « ne jugeait pas réaliste de la part d'Israël de soutenir que la seule voie ouverte à un règlement était la négociation directe avec chacun de ses adversaires[85] ». Il faut toujours quelqu'un pour s'occuper des Israéliens et ne pas les laisser déterminer seuls leur destin.

Maurice Couve de Murville, locataire du Quai d'Orsay pendant dix ans, de 1958 à 1968, une longévité sans précédent, avait été expert financier pour le gouvernement de Vichy. Il était responsable notamment de la « diminution de l'influence israélite » dans l'économie française[86] — du moins jusqu'à son opportun départ, en 1943, pour Alger, capitale de la résistance de l'extérieur. Ambassadeur au Caire entre 1950 et 1954, Maurice Couve de Murville s'est bien sûr opposé au rapprochement avec les Britanniques et Israël et semble selon les documents, avoir été le dernier diplomate français à avoir rencontré une dernière fois l'amer et frustré Haj Amin al-Husseini. Critique de la campagne de Suez, avocat de l'indépendance algérienne, il laissa son empreinte en s'opposant farouchement à la vente d'avions français à Israël. Louis Massignon, ainsi qu'il le proclama dans son éloge funèbre, l'avait grandement influencé. Golda Meir, ministre des Affaires étrangères puis Premier ministre d'Israël, le trouvait froid et inamical. Maurice Couve de Murville fut l'un des promoteurs du *renversement des alliances*[a] gaulliste à propos

a. En français dans le texte (*N.d.T.*).

d'Israël. On le voit dans ses Mémoires se réjouir que la France, seule parmi les pays occidentaux, prenne en considération le point de vue du monde arabe et «comprenne ses sentiments».

Jean Chauvel, corédacteur en 1963 d'un rapport sur la politique étrangère de la France, souhaitait que la culture française se déploie en particulier au Liban et en Iran. Israël présentait selon lui «un caractère hétérogène par rapport à l'ensemble qui l'entoure», euphémisme qui inévitablement conduisait à la conclusion que de bonnes relations franco-israéliennes «n'apportent pas le moindre crédit à la France dans le monde arabe». Parallèlement, pour les Arabes, la coopération avec la France «... est non seulement acceptable, elle est désirée[a]».

Pour le Quai d'Orsay de Maurice Couve de Murville, «la restauration de son rôle sonnait comme une revanche après les années Pineau[87]», selon le mot de Samir Kassir et Farouk Mardam-Bey, deux excellents historiens arabes.

Dans ses Mémoires, le général se plaint que les diplomates français sont alors loin de se conformer à ses vues, «d'où la nécessité de les observer soigneusement et de garder prise sur les négociateurs français». Leurs traditions diplomatiques et sa vision politique ne sont pas tou-

a. Pour être sûr de n'être pas tenu pour antisémite, ce qu'il n'était pas, Jean Chauvel rapporte dans ses Mémoires (*Commentaire*, Paris, 1971, t. 1, p. 110 et 196) son exode de Paris avec Daniel Lévi, alors conseiller d'ambassade et futur ambassadeur en Inde, après la guerre, et surtout sa lecture à haute voix, pendant son séjour à Vichy, des passages philosémites de Charles Péguy. Daniel Lévi était d'autant plus apprécié que son père, Sylvain Lévi, le célèbre orientaliste du Collège de France, avait incarné un judaïsme assimilé antisioniste qui épousait parfaitement l'antisionisme des diplomates français et que le Quai d'Orsay avait considérablement «utilisé» dans ce sens.

jours en harmonie. Par-dessus tout, le général de Gaulle aspire pour la France au statut de grande puissance. Cela le conduit à manœuvrer entre les États-Unis et l'URSS, à jouer l'un contre l'autre, et enfin à quitter l'organisation militaire de l'Alliance atlantique dans l'espoir que la prise de distance à l'égard des États-Unis lui rallierait l'ensemble du tiers-monde. Christian Pineau n'est qu'un des nombreux témoins à affirmer que le général de Gaulle éprouve «une haine mortelle» pour les Britanniques et les Américains. Les États-Unis disposent d'une influence internationale et ont des perspectives que la France peut certes envier, mais jamais égaler.

Au cours des années 60, qui plus est, les États-Unis regardent de plus en plus favorablement la démocratie israélienne, qui partage leurs valeurs morales et se révèle un allié de confiance en pleine guerre froide. Dans un contraste ostensible et permanent, l'Égypte, la Syrie et les autres pays arabes s'affichent comme autant d'États policiers où règne un parti unique, à la façon de l'Union soviétique, qui d'ailleurs les soutient. L'idée qu'Israël est un obstacle aux objectifs français commence à imprégner l'antiaméricanisme gaulliste, tout comme la conviction que cette petite puissance régionale doit d'une manière ou d'une autre coopérer — voire comploter — avec la grande puissance internationale pour supplanter la France.

Pourtant, les Israéliens sont plus francophiles que jamais, en raison du soutien apporté par la France dans les années 50 mais aussi de leur admiration pour le général de Gaulle, largement relayée par l'ambassadeur Jean Bourdeillette, à son tour séduit par le jeune État et vite en porte à faux avec le Quai d'Orsay.

En outre, Golda Meir, alors ministre des Affaires étrangères israélien, ne cache pas aux membres de la commission des Affaires étrangères de l'Assemblée nationale qu'à ses yeux, «une France amie d'Israël et des Arabes peut exercer une influence heureuse sur ces derniers et les amener à faire preuve de plus de modération» à l'égard d'Israël. Le Quai d'Orsay s'est opposé deux mois plus tôt à une visite en Israël de la commission des Affaires étrangères, de la Défense et des Forces armées du Sénat[88]. Au début des années 60, le ministère trouve encore tous les prétextes possibles pour exprimer ses réserves au sujet des visites de parlementaires, de fonctionnaires ou d'étudiants susceptibles de légitimer Israël.

Le général de Gaulle suspend l'aide à l'usine nucléaire de Dimona, après que le Quai d'Orsay a fait expulser des ingénieurs nucléaires israéliens venus en France assister à un séminaire ; sur les ventes d'armes et d'avions il entreprend d'abord un jeu d'esquive et, après avoir signé le traité de paix avec l'Algérie, donne pour instruction à Jacques Roux, nouvel ambassadeur au Caire, d'agir afin de permettre «une attitude plus libérale vis-à-vis de Nasser». À Abba Eban, le ministre israélien des Affaires étrangères, exprimant en 1966 son inquiétude à propos des relations avec la France, un Maurice Couve de Murville irrité répond : «Le caractère des liens entre Israël et la France ne justifie pas que le général de Gaulle vous tape sans cesse sur l'épaule pour vous rassurer.» Jacques Soustelle date d'ailleurs de 1959 la décision du général de Gaulle d'abandonner Israël au profit du monde arabe : aucun antisémitisme, mais la conviction que c'est le chemin pour être un des «quatre grands[89]». Une conviction qui s'accorde parfaitement avec un siècle de préjugés du Quai d'Orsay et les conclusions du rapport de Jean-Marcel Jeanneney, professeur d'économie et ambassadeur, responsable d'une étude invitant en 1963 au rapprochement avec le monde arabe.

Une série de mauvais calculs politiques et militaires précipite Nasser dans la guerre des Six-Jours en juin 1967. L'un d'entre eux est la fermeture du détroit de Tiran entre la mer Rouge et le golfe d'Aqaba. Israël ne peut pas accepter un blocus de cet ordre. Dans l'opinion de Maurice Couve de Murville cependant, les navires israéliens n'empruntent pas suffisamment le détroit pour justifier la guerre, et le général de Gaulle partage cette conviction. Durant la période qui précède immédiatement les hostilités, celui-ci rencontre à l'Élysée Walter Eytan, ambassadeur d'Israël, qui fait en vain le tour des grandes capitales en quête de soutien. Le 24 mai, il l'avertit qu'Israël ne doit pas faire la guerre — «en aucun cas ne soyez le premier à ouvrir le feu». Le 3 juin Claude Lebel, directeur d'Afrique-Levant au Quai d'Orsay, informe l'ambassade d'Israël que toute exportation d'armes en direction du Moyen-Orient est désormais suspendue. Dans les faits, la décision, qui présente un contraste complet avec la politique de 1956 d'assistance illimitée, ne pénalise qu'Israël puisque les pays arabes continuent à recevoir des armes d'URSS. Le jour suivant, Walter Eytan saisit l'occasion et déclare au général de Gaulle que l'embargo sur les Mirage, construits en collaboration avec des équipes d'ingénieurs israéliens, ajoute aux pressions sur Israël et rend en conséquence la guerre plus probable. Se référant à lui-même, ou peut-être à la France, en tout cas à la troisième personne, la célèbre réponse du général de Gaulle apparaît aussi paternaliste que distante : «Si l'on vous attaque, on ne vous laissera pas détruire.»

«J'ai dit à Eban qu'ils ne devaient pas tirer les premiers. Ils ne m'ont pas écouté!» devait déplorer, selon l'historien israélien Michael Bar-Zohar, un général de Gaulle furieux et blessé quelques jours plus tard. Il est supposé avoir prononcé presque les mêmes mots devant Charles Bohlen, l'ambassadeur américain. Au Premier ministre britannique Harold Wilson il déclare également qu'un jour l'Occident le remerciera pour avoir fait de la France «la seule puissance occidentale qui ait une influence dans les capitales arabes».

La rupture est consommée. Les diplomates peuvent enfin enterrer pour de bon la coopération franco-israélienne qu'ils s'efforçaient de saboter depuis dix ans, alors que les fonctionnaires français de la police et des douanes ainsi que des militaires sacrifiaient encore leurs congés pour remplir les avions en partance pour Israël des pièces détachées nécessaires à la survie du jeune État. Hervé Alphand, secrétaire général du Quai d'Orsay, venait de faire une tournée dans les pays arabes en mai 1967. Ses propos avaient été significatifs : avec l'État juif, des relations «normales» et la «reconnaissance du droit à l'existence»; avec les États arabes, l'«amitié franco-arabe[90]». Somme toute, le retour à la normale.

Fidèle aux préoccupations du Quai d'Orsay, Roger Seydoux, arabisant, diplomate ayant effectué l'essentiel de sa carrière au Maroc et en Tunisie, alors représentant permanent de la France à l'Onu, ne perd pas une seconde pour

déclarer lors d'un discours à New York que la réunifica-
tion de Jérusalem, fruit de la guerre, est «inopportune et
infondée en droit». Les garanties israéliennes de libre
accès aux Lieux saints touchent «des questions de souveraineté auxquelles nous ne pouvons rester indifférents».
C'est à l'occasion d'une conférence de presse en novembre 1967 que le général de Gaulle fulminant fait sa fameuse
réflexion sur les Juifs, ce «peuple d'élite, sûr de lui et dominateur» animé d'une «ambition ardente et conquérante».
Confronté au tollé qui s'ensuit, il prétend que ces généra-
lisations valent compliments, ce qu'il ira jusqu'à répéter au
grand rabbin Kaplan. Ce mode d'excuse ne peut évidemment dissimuler sa mauvaise foi, ni sa remarque manifestement ambiguë visant «le flot tantôt montant, tantôt
descendant, des malveillances qu'ils [les Juifs] provoquent,
qu'ils suscitaient plus exactement dans certains pays et à
certaines époques».

La phrase du général de Gaulle est d'ailleurs riche d'une
ambiguïté dont la diplomatie française a vainement tenté
de sortir en plus de soixante ans d'hésitations : les Juifs
sont-ils une nation ? Dans ce cas, ils devraient tous être
israéliens. Ne sont-ils que les fidèles de la religion juive ?
Ils ne devraient être alors que des israélites dans leurs pays
respectifs. À moins qu'ils ne soient un peuple, comme le
dit le général, c'est-à-dire quelque chose de différent. Mais
qu'ils soient peuple juif ou nation israélienne, il n'y a pas
de raison pour qu'ils persévèrent dans leur rôle d'éternels
protégés.

À l'issue de la guerre qu'Israël gagne en six jours, entre
le 5 et le 11 juin 1967, le Conseil de sécurité des Nations
unies prépare une résolution devant servir de base à des

discussions pour une paix au Moyen-Orient. Après plusieurs projets, le représentant britannique, lord Caradon, propose le texte suivant le 16 novembre : « retrait des forces armées israéliennes de territoires occupés lors du récent conflit ». Le lendemain, les États arabes demandent à lord Caradon de remplacer l'expression « de territoires » par « de tous les territoires ». Il refuse. Un texte soviétique prévoyant le retrait jusqu'à la ligne d'armistice de 1949 est repoussé le 20 novembre. Finalement, le texte de lord Caradon, issu de nombreux compromis, est retenu. C'est la fameuse résolution 242.

Aussitôt, la traduction en français transforme le texte : « de territoires » devient « des territoires », c'est-à-dire qu'elle se calque sur l'exigence arabe. Le Quai d'Orsay n'en démordra plus, expliquant que la version française [a] fait autant foi que la version anglaise [b], ce qui est faux : lorsqu'un accord international est rédigé en plusieurs langues, la Cour internationale de justice considère que le terme litigieux doit être interprété dans le sens de la langue de la version première. Ainsi, pendant des années, le Quai d'Orsay est-il la seule chancellerie occidentale à défendre officiellement la position arabe contre le texte de l'Onu...

À l'ambassadeur des États-Unis qui lui demande, lors d'un dîner, ce que vont devenir les Israéliens expulsés des territoires où ils sont installés, dans l'éventualité d'un retrait de Cisjordanie, Maurice Couve de Murville répond : « C'est très simple, ils iront chez vous, comme ils en ont

a. « Retrait des forces armées israéliennes des territoires occupés au cours du récent conflit » (*N.d.T.*).
b. « Withdrawal of Israel armed forces from territories occupied in the recent conflict » (*N.d.T.*).

l'habitude[91].» Les Israéliens ne sont jamais que des immigrants juifs qui se sont trompés de destination.

En janvier 1969, en réponse aux premiers détournements d'avions organisés par les Palestiniens depuis le Liban, des commandos israéliens détruisent treize avions civils à Beyrouth, sans faire de victimes et dans une action purement symbolique. « C'est incroyable, insensé, ils se croient tout permis ! » fulmine le général de Gaulle. Des calculs machiavéliques se cachent derrière ces actions. Les Israéliens, dit-il à son aide de camp Jean d'Escrienne, ont utilisé des avions de fabrication française pour détruire d'autres avions de fabrication française. « S'ils avaient usé d'équipements américains ils auraient pris le risque de raviver l'hostilité du monde arabe contre les États-Unis[92].» L'intention israélienne serait donc de faire de la France la cible de cette hostilité. En réaction, l'embargo français contre Israël s'étend désormais à toutes les pièces de rechange, épargnées jusque-là. Ainsi, la France renonce définitivement au reste d'influence qu'elle aurait pu avoir sur le jeune État.

Accessoirement, l'embargo prive aussi la France de centaines de millions de francs de revenus et fait disparaître des milliers d'emplois dans l'industrie aéronautique. Cette décision de ne pas honorer une commande réglée pousse d'ailleurs certains pays à réviser leur politique d'achat à la France.

Dans son remarquable pamphlet *De Gaulle et les Juifs*, Raymond Aron s'insurge contre le stéréotype du Juif « sûr de lui et dominateur » agité par le général et affirme que de Gaulle par son attitude a poussé Israël dans les bras des Américains, ce que confirme Henri Froment-Meurice[93].

«En ce sens, la politique française est stupide[94]», jugera Pierre Mendès France. Plus grave, poursuit Raymond Aron, «le général de Gaulle a sciemment, volontairement, ouvert une nouvelle période de l'histoire juive et peut-être de l'antisémitisme. Tout redevient possible, tout recommence. Pas question, certes, de persécutions : seulement de malveillance. Pas le temps du mépris : le temps du soupçon».

Bien que le général de Gaulle se soit tout d'abord méfié du Quai d'Orsay, il devait se retrouver sur la même longueur d'onde que les diplomates et finit lui-même par parler de la France comme d'une «puissance musulmane». Il devait résumer cette aberration dans ses Mémoires : «Aucun dossier, qu'il soit stratégique, politique ou économique, ne peut survivre sans le soutien arabe.» La stature du général de Gaulle conduisit la France droit sur l'écueil d'un tissu de contradictions, de rancœur et de préjugés. Selon François Mauriac, lui-même pourtant fervent gaulliste, la politique du Général à propos d'Israël joua un rôle non négligeable dans sa chute. Quelques mois avant le référendum de 1969, il écrit : «Je crois que la politique française vis-à-vis d'Israël a joué un rôle important dans la chute du Général. J'ai vu, quelques mois avant le référendum, des hommes que la politique du général vis-à-vis de Jérusalem rendait fous.» Le Quai d'Orsay avait gagné contre la République et contre l'opinion, mais sans le moindre bénéfice immédiat pour la France.

13

Des années de plus en plus noires

Un néo-impérialisme lâche dissimulé sous les oripeaux de la modernité : ainsi pourrait être définie la ligne suivie par la France au Moyen-Orient depuis 1967 au nom des bénéfices à venir. La présidence de Georges Pompidou accentua même la tendance amorcée à la fin de l'ère gaullienne. Ses proches conseillers pour les affaires du Moyen-Orient sont Philippe de Saint-Robert, un anti-israélien obsessionnel qui a pour habitude de voir un complot israélien dans tous les troubles du Moyen-Orient, et Jacques Benoist-Méchin, ancien ministre de Vichy condamné à la Libération. Tous deux sont très proches du secrétaire général de l'Élysée, Michel Jobert.

La modernité prétend, comme on le sait, détester l'impérialisme et tout ce qui lui ressemble. Ceux qui ont mis au point la politique de la France ont toujours unanimement prétendu agir au nom de la paix entre Arabes et Israéliens. Pourtant dans les faits leurs décisions entravaient tout progrès réel en ce sens. Leur but était le pouvoir, l'influence, et parfois aussi l'enrichissement personnel.

Après 1967 Israël ne compte plus d'amis au gouvernement, mais en garde encore beaucoup dans l'administration, comme l'a prouvé l'affaire des vedettes de Cherbourg.
Commandés en 1965 par Israël et payés d'avance, les
navires sont livrés au fur et à mesure de leur fabrication.
En 1969, les cinq derniers sont bloqués à Cherbourg du
fait de l'embargo. Par un habile stratagème, la veille de
Noël, les Israéliens les font sortir du port avec de nombreuses complicités. Les sanctions pleuvent sur les hauts
fonctionnaires français. Le Quai d'Orsay est fou de rage.

Arrivé au pouvoir en Libye grâce à un coup d'État en
1969, Muammar Kadhafi est le premier tyran arabe à sus-
citer un avide intérêt dans le Paris de l'après de Gaulle.
D'autant plus qu'il est encore inconnu sur la scène internationale et que les ressources en hydrocarbures libyennes
sont tentantes. Pour le Quai d'Orsay, il importe également
de s'opposer à l'influence soviétique dans le monde arabe
et d'y défendre l'influence française. C'est bien sûr une
nouvelle chimère : à cette date, seules les deux superpuis-
sances peuvent peser sur les acteurs régionaux.

Une des premières annonces de Georges Pompidou en
politique étrangère est donc «l'aménagement de rapports
cordiaux avec le gouvernement libyen». Muammar Kadhafi vient de promettre la disparition d'Israël et de terribles
souffrances pour tous les Juifs du monde. Et des projets
d'unification des armées arabes sont élaborés.

La France vend immédiatement à la Libye les Mirage
initialement destinés à Israël mais bloqués par l'embargo[a].

a. Curieusement, Abu Dhabi et le Liban disposent de Mirage dans les années
qui suivent...

Hervé Alphand, toujours secrétaire général du Quai d'Orsay, note dans son journal qu'une telle transaction — alors qu'Israël a déjà payé les aéronefs — peut certes choquer l'opinion française et internationale ; elle se situe « cependant dans la ligne normale de notre politique arabe et méditerranéenne[95] ». La *realpolitik* française est devenue du vol, pur et simple, en vue de compenser le manque à gagner qui résulte de l'embargo[a]. Les alliés refusent de suivre. Les Pays-Bas font ainsi savoir à la France qu'ils n'approuveront pas les accords d'associations négociés par le Quai d'Orsay au nom de la Communauté européenne avec le Maroc et la Tunisie. Ils ajoutent qu'ils refuseront de s'aligner sur les positions des Français tant qu'ils voudront orienter de manière unilatérale la politique extérieure de l'Europe, favoriseront les Arabes contre Israël, et pèseront en faveur de l'établissement de relations diplomatiques avec l'Espagne franquiste tout en refusant les liens avec Israël, une démocratie parlementaire. Les Néerlandais sont vite suivis par les Allemands et les Luxembourgeois.

Il n'y a plus qu'un tiers des Français à exprimer dans les sondages leur sympathie pour Israël, alors qu'ils étaient près de 60 % à le faire trois ans plus tôt lors de la guerre des Six-Jours. En obtenant une victoire écrasante contre le Goliath arabe, le David israélien a perdu l'image du petit pays menacé dans sa survie. Une presse largement aux ordres fait également son œuvre.

Les critiques de l'embargo et de la politique arabe de la

a. Georges Pompidou déplore même que les Arabes n'abattent jamais de Mirage vendus par la France à Israël (d'après P. de Saint-Robert, *Les Septennats interrompus*, Paris, 1977, p. 188).

France — on les appellerait des «sionistes» trente ans plus tard — commencent à être dénoncés comme une «cinquième colonne» dans la presse gaullienne qui flirte avec des concepts qui rappellent l'affaire Dreyfus.

Georges Pompidou s'en inquiète auprès de René Cassin, le célèbre juriste, initiateur de la Déclaration universelle des droits de l'homme et prix Nobel de la paix, représentant éminent de la communauté juive. Il lui déclare : «Tant que je serai là, je ne tolérerai jamais une vague d'antisémitisme.» Mais son voyage aux États-Unis va rapidement le conduire à se ranger aux vues de ses diplomates. À Chicago en février 1970, des milliers de Juifs l'accueillent en criant «Honte sur vous, monsieur Pompidou». Des manifestants s'approchent de son véhicule, le bousculent et l'insultent. Lors d'un entretien avec des représentants d'organisations juives américaines, Georges Pompidou dénonce Israël, «État racial et religieux». Un démenti s'ensuit, mais Jean Béliard, alors consul général de France à New York, confirme la formule du président.

Ce dernier est hors de lui. Plus tard Leonid Brejnev lui fera remarquer qu'il est à l'abri de ce genre de «manifestations déplacées» en URSS. Le président ne supporte déjà pas la rigidité de l'ambassadeur d'Israël en France, Asher Ben Nathan, aux antipodes de l'image du Juif soumis. À ses yeux, «c'est le parfait prototype dc l'officicr nazi[96]». L'affaire de Chicago fait déborder le vase. Pour lui, Israël est responsable et les Juifs français doivent choisir leur camp.

Georges Pompidou envoie en première ligne un proche, René Massigli, l'homme que Christian Pineau avait dû évincer tant il s'opposait quinze ans plus tôt aux choix du gouvernement. Le 27 février 1970, René Massigli publie

une tribune dans *Le Figaro* intitulée «Double appartenance». Le message est clair : s'ils veulent rester citoyens
français les Juifs doivent faire acte d'allégeance à la ligne
politique du gouvernement. En somme, René Massigli
combine la logique antiparlementaire du Quai d'Orsay et
le message classique de la droite maurrassienne : d'une
part s'opposer à la politique étrangère de la France, c'est
s'opposer à la France; d'autre part les Juifs ne sauraient
être pleinement français. René Massigli met d'ailleurs en
cause le grand rabbin de France, Jacob Kaplan, en dénonçant les manipulations des Juifs français par les autorités
religieuses.

Romain Gary, français, juif, prix Goncourt, ex-diplomate,
réplique avec violence par un article dans *Le Monde* intitulé «Disqualification raciale». Maurice Schumann, ancien
porte-parole du général de Gaulle à Londres, ministre des
Affaires étrangères mais surtout juif converti, est alors
appelé à la rescousse. À lui de défendre la *realpolitik* française qui ne saurait tolérer la critique, et surtout la personne de Georges Pompidou, lequel bien que jamais
nommé est attaqué entre les lignes par Romain Gary.
Maurice Schumann déclare, visant expressément les Juifs :
«Il n'est pas possible d'accepter qu'une fraction de l'opinion nationale fasse acte de fidélité inconditionnelle à une
autre nation.»

Dans *Le Monde* du 25 mars 1970, Jacob Kaplan, ancien
combattant — et non aumônier — pendant la Première
Guerre mondiale, promoteur de la réconciliation avec les
chrétiens, membre de l'Institut, répond à René Massigli
sur un ton serein, expliquant que «si les Français juifs
réprouvent l'attitude actuelle de notre gouvernement à

l'égard d'Israël, ce n'est pas parce que pour eux Israël a toujours raison *a priori*, mais parce qu'ils estiment qu'Israël est l'objet de mesures injustes, discriminatoires ». Quant à l'obligation pour des citoyens d'épouser les décisions de leur gouvernement, Jacob Kaplan constate qu'« une telle conception est digne de l'Allemagne hitlérienne, de la Russie stalinienne, de l'Égypte nassérienne. Dieu merci, ce n'est pas celle de la France ». La polémique se poursuit dans *Le Monde* en avril lorsque Tsur, ambassadeur d'Israël en France de 1953 à 1958, rappelle l'opposition personnelle de René Massigli à l'amitié avec Israël lorsqu'il était au Quai d'Orsay, à quoi ce dernier répond qu'il était du devoir de la diplomatie de s'opposer à des accords de coopération qui n'avaient pas été négociés selon les règles de l'administration.

Évidemment, nul ne songe alors à faire remarquer que les communistes français ont officiellement fait allégeance à l'URSS et revendiquent ouvertement la double appartenance. Mais, ironie de l'histoire, ce sera le Quai d'Orsay lui-même qui apportera une conclusion à cette polémique. En 2004, l'ambassadeur de France en Géorgie, Salomé Zourabichvili, une diplomate d'origine géorgienne, est nommé par le président géorgien Saakachvili, nouvellement élu, ministre des Affaires étrangères de son pays. L'intéressée demande à être mise en congé de la diplomatie française pour prendre ses nouvelles fonctions : sitôt dit, sitôt fait. Le Quai d'Orsay est naturellement très fier de voir l'une des siennes ainsi promue. Une sympathie pour Israël est une double allégeance pour un Juif français ; le service de l'étranger, un succès du cosmopolitisme diplomatique...

En formulant ce qu'il attend des Juifs, et en cela fidèle à sa conception de la diplomatie, René Massigli contribue alors à la vague d'antisémitisme que connaît la France au début des années 70. Les graffitis injurieux appelant à la réouverture des camps et évoquant les chambres à gaz apparaissent sur les murs des synagogues.

Naissent alors les rumeurs d'Amiens et surtout d'Orléans selon lesquelles les commerçants juifs kidnappent les femmes pour les vendre dans le cadre de la traite des blanches. Nul ne sait vraiment d'où naît la rumeur, mais les magasins tenus par des Juifs sont boycottés dans les villes de province. Un conte aussi absurde n'aurait pu prospérer dans la France des années 70 si les élites avaient joué leur rôle. Mais, les diplomates au premier chef, elles avaient décidé d'en jouer un autre.

La ligne de Georges Pompidou est claire : ni la mémoire de la Résistance ni les Juifs ne sauraient s'ériger en obstacle sur le chemin de la réconciliation nationale choisi par le général de Gaulle afin d'effacer les séquelles des années d'occupation. Son successeur accélère le pas. En septembre 1970, il commue la détention perpétuelle du « gestapiste » français Jean Barbier en une peine de vingt ans de réclusion criminelle. En novembre 1971, il signe la grâce du milicien Paul Touvier, seul Français jamais reconnu coupable de crimes contre l'humanité — au nombre desquels le meurtre de Juifs —, protégé par un réseau d'entraide catholique depuis des années.

Un des hommes clés dans l'entreprise destinée à obtenir cette grâce est René Brouillet, sollicité en ce sens dès 1958 par Mgr Duquaire, le protecteur attitré de Paul Touvier. René Brouillet, qui vient de quitter son poste de ministre conseiller à l'ambassade de France près le Saint-Siège, est alors directeur du cabinet du général de Gaulle. Il a été chef du service juridique du Secrétariat à la production industrielle sous Vichy, directeur du cabinet de Georges Bidault, président du Conseil national de la Résistance, puis directeur adjoint de son cabinet lorsque ce dernier est devenu ministre des Affaires étrangères.

René Brouillet, qui a présenté Georges Pompidou au général de Gaulle, incarne le Quai d'Orsay dans ce qu'il a de plus catholique et de plus traditionnel. Son rôle dans l'affaire Touvier est trouble, même pour les rédacteurs du rapport qui fait autorité sur la question[97]. Il a toujours nié la moindre participation, mais ses interventions en faveur de Paul Touvier auprès du Saint-Siège sont avérées. C'est un journaliste, Jacques Derogy, qui fait éclater dans *L'Express* le scandale de cette grâce discrètement signée. À René Brouillet revient le rôle difficile de protéger le président de la République, l'Église de France et la papauté.

Entre les Juifs de France et les élites postgaulliennes, la rupture est consommée. Mais les Juifs ne sont plus seuls. Face à la *realpolitik* intérieure et extérieure de Georges Pompidou, anciens résistants et honnêtes gens les ont rejoints. C'est le temps du film *Le Chagrin et la Pitié*, de Marcel Ophüls et André Harris, qui brise pour de bon le mythe d'une France résistante, un film que le président « déteste[a] ».

a. D'après Michel Jobert. Georges Pompidou ordonnera au directeur de la radiotélévision d'enterrer le film, ce qui sera fait (*cf.* M. Szafran, *Les Juifs dans la politique française de 1945 à nos jours*, Paris, 1990, p. 210).

Dès lors, pour le gouvernement, pourquoi ne pas poursuivre la collaboration avec non seulement les ennemis d'Israël, mais encore avec les tueurs de Juifs?

14

Les intérêts et les cœurs

En matière d'élimination d'Israël et de souffrances infligées aux Juifs, Yasser Arafat prit la relève de Muammar Kadhafi, et se révéla vite un allié de la France plus souple que l'erratique colonel libyen. Les guerres de 1967 et 1973 avec Israël n'avaient laissé aux pays arabes aucun espoir de voir le conflit se résoudre par les armes sur la base des termes absolus qui étaient les leurs.

André Bettencourt succède provisoirement à Maurice Schumann, comme ministre délégué chargé de l'intérim des Affaires étrangères du 15 mars au 15 avril 1973. Gendre d'Eugène Schueller, un des grands financiers de l'extrême droite française avant guerre, il a été un propagandiste de la collaboration en 1941-1942 en tenant une chronique hebdomadaire dans *La Terre française*. Au sein de la mouvance des étudiants d'extrême droite, il s'est d'ailleurs fait un ami très proche : François Mitterrand. Rien de surprenant donc à voir André Bettencourt à la tête du Quai d'Orsay, ne serait-ce que pour un mois sous la présidence Pompidou. Mais le scandale n'éclatera que vingt ans plus tard[98]...

C'est à Michel Jobert que revient de gérer comme ministre des Affaires étrangères l'offensive surprise égyptienne

de 1973 contre Israël. Trois jours après le déclenchement
de la guerre, il annonce aux journalistes la ligne de l'Élysée
et du Quai : « Est-ce que tenter de remettre les pieds chez
soi constitue une agression imprévue ? » Une telle partia-
lité est à l'évidence la meilleure méthode pour être évincé
du règlement du conflit. Dès lors, les Américains ne tolè-
rent plus l'intrusion de la diplomatie française au Moyen-
Orient — un nouveau succès de la *realpolitik* arabe du
Quai. La troisième voie gaullienne a échoué. Piteuse rétor-
sion, Michel Jobert ne peut que dénigrer la conférence de
Genève qui va préparer le rapprochement israélo-égyp-
tien. En remerciement, les Arabes excluront la France de
l'embargo pétrolier frappant les Occidentaux, coupables
d'avoir laissé Israël naître un quart de siècle plus tôt.

Négocier avec l'État juif revenait aux yeux des dirigeants
arabes à reconnaître une défaite, option inenvisageable.
Mais le cas des Palestiniens était différent. La déroute des
puissances arabes leur donnait pour la première fois l'occasion de se faire entendre, ce que comprit immédiatement Yasser Arafat lorsqu'il décida d'exploiter la situation.
Mal rasé, un éternel keffieh sur la tête... ses principaux
atouts résidaient dans sa vivacité d'esprit, son talent hors
pair pour la communication et sa capacité à dire à ses
interlocuteurs exactement ce qu'ils avaient envie d'entendre. En s'engageant formellement comme il le fit auprès
de Leonid Brejnev contre les intérêts américains et en
faveur de l'Union soviétique, il parvint à convaincre le
Politburo de financer et d'armer l'OLP, tout en persuadant
les Français, sur une base non moins antiaméricaine, de la
soutenir diplomatiquement sur la scène internationale. Ce
curieux mélange franco-soviétique devait parvenir à trans-

former au-delà de toute proportion ce qui avait commencé comme une banale dispute frontalière, en un conflit aux ramifications mondiales des plus insolubles. L'abandon de la tactique de guérilla en faveur du terrorisme international fit clairement connaître le but de Yasser Arafat à long terme — le déracinement et la dispersion des Juifs hors d'Israël. Au lieu de quoi les guerres civiles qu'il provoqua depuis ses bases tout d'abord en Jordanie puis au Liban firent des dizaines de milliers de victimes arabes et aidèrent au développement des dictatures dans un Moyen-Orient déjà dévasté par les tyrannies.

Dans ce contexte, les responsables français se découvrent une vocation de médiateur dans un conflit que, pensent-ils, les partis en présence se montrent incapables de régler par eux-mêmes. La morale, la justice, les faits mêmes ne doivent pas s'y opposer. C'est ainsi que Paris, inversant la réalité, développe peu à peu l'argument selon lequel les Palestiniens, acteurs ou victimes, loin d'être la cause de la guerre au Moyen-Orient sont au contraire la clé de la paix. Curieuse démarche pour des diplomates plus soucieux de contenir l'influence des Soviétiques que de renforcer leur influence dans la région — mais le rapport entre la diplomatie française et la réalité du monde n'est pas à la portée des simples mortels. Accessoirement, la France passe avec le Fatah puis l'OLP un accord très discret que l'on qualifiera difficilement de *gentlemen's agreement* en l'absence de *gentlemen* de part et d'autre : en contrepartie de la politique française, aucun attentat ne doit être commis en France. Charles Villeneuve nomme cette politique la «sanctuarisation[99]».

En 1972, l'Onu vote une résolution inspirée par la France

accusant Israël de violer les conventions de Genève et de commettre des crimes de guerre dans les territoires disputés. Le Quai d'Orsay remporte l'année suivante succès sur succès : il obtient des neuf de la Communauté européenne un alignement sur sa politique anti-israélienne, notamment sur son interprétation erronée du texte de la résolution 242.

Deux ans plus tard, en novembre 1974, la participation de l'OLP à l'assemblée générale de l'Onu est un nouveau succès diplomatique français. Avec l'Italie et l'Irlande, la France du nouveau président Giscard d'Estaing est le seul pays occidental à inviter un terroriste notoire à venir en armes s'exprimer à la face du monde. L'image d'un Yasser Arafat en costume militaire kaki et le pistolet en évidence reste dans les annales. Au lendemain de son discours, salué par des applaudissements, les délégués votent la résolution condamnant le sionisme comme une forme de racisme. Une «confusion des termes», selon la formule curieusement cérébrale de Louis de Guiringaud, qui représente alors la France à New York. « La dernière victoire d'Hitler », selon la formule de Christian Pineau[100]. En janvier 1976, au Conseil de sécurité, la France se joint à l'URSS pour voter une résolution prévoyant le retour des réfugiés palestiniens dans leur pays, c'est-à-dire une liquidation démographique d'Israël.

À cette date, les pays arabes ne peuvent que s'opposer au développement économique du jeune État qui les a vaincus. Ils mettent au point un chantage d'une grande simplicité : toute entreprise qui commerce avec Israël ne commercera pas avec eux. C'est le boycott — une atteinte à la liberté de commercer et une offense au droit international. Pour la France, les affaires passent avant tout. Le gouvernement s'oppose en 1976 à l'amendement Krieg et Foyer destiné à donner une dimension économique à la loi réprimant le racisme... Le Premier ministre Raymond Barre surprend désagréablement en 1978 lorsqu'il vide de sa substance une loi votée en 1977 qui atténuait légèrement l'effet du boycott arabe sur Israël. La France giscardienne institutionnalise le boycott arabe.

En 1978 encore, lors de la percée historique qui doit conduire à la paix entre l'Égypte et Israël, la France refuse de soutenir le président Sadate durant les négociations, et fait part de son opposition aux accords de Camp David — au motif que les Palestiniens n'ont pas été pris en compte, mais plus vraisemblablement sans doute parce qu'elle n'y a pas pris part. Pis, les partenaires régionaux semblaient capables de trouver par eux-mêmes une base d'entente, or des Arabes et surtout des Juifs prenant en main leur destin est une des choses que les diplomates français supportent le moins.

Enfin en mai 1980, la France giscardienne institutionnalise le boycott arabe à 100 % et l'étend aux transactions portant sur l'énergie, l'agriculture, les minerais, les transports, les machines et les biens de consommation. Henri Froment-Meurice, catholique convaincu, rapporte dans ses Mémoires son profond malaise à l'idée de devoir défendre la politique selon lui indéfendable de son pays. « Si encore on m'avait donné quelques biscuits pour tenter de persuader les Israéliens que nous gardions dans notre politique une place particulière pour eux, j'aurais pu mettre un peu de baume sur les plaies. Mais je n'avais même pas le droit de leur proposer la création d'une commission économique mixte, comme nous en avions avec quantité de pays, car c'eût été, m'avait-on dit, risquer d'inquiéter les Arabes en paraissant placer nos relations avec Israël sur un pied d'égalité avec eux[101] », soupire-t-il.

Paris avait été en revanche très actif à Bruxelles. En novembre 1973, les Français avaient convaincu les autres membres de la Communauté européenne de voter une déclaration appelant au retrait israélien des territoires disputés. Deux ans plus tard, la diplomatie française met en avant le droit pour les Palestiniens à disposer d'une *patrie*, selon un terme soigneusement choisi en parallèle avec la déclaration Balfour en faveur du foyer national juif, et qui sera par la suite changé en « autodétermination ».

Quelques années plus tard, on reproche à Michel Jobert sa description fleurant l'antisémitisme des Juifs de Meknès du début du siècle dans son roman *La Rivière aux grenades*. « Il paraît que je n'ai pas été assez chaleureux, on a voulu y voir la preuve que je nourrissais une antipathie spéciale à l'égard d'Israël. C'est idiot », se défend-il. Chroniqueur assidu des événements internationaux depuis lors, Michel Jobert reste un adversaire impitoyable de l'État d'Israël, responsable selon lui de tous les maux et toutes les instabilités. « Chacun ses choix, je n'irai jamais à Jérusalem[102] », peut-il écrire. S'il n'est jamais allé en Israël, il rapporte en revanche de longs souvenirs de ses voyages dans les pays arabes dont il défend chaleureusement les dictatures. Et il ne semble pas se souvenir que le roi d'Arabie lui a remis toute une littérature antisémite, dont *Les Protocoles des sages de Sion*, lors de sa tournée diplomatique de 1974.

Pour ne pas avoir à épurer sa délégation diplomatique

lors de sa visite dans le royaume où les Juifs sont interdits de séjour, l'homologue néerlandais de Michel Jobert, Max Van Der Stoel, annulera son séjour en 1975. Deux sortes de diplomaties.

Voir dans tout cela la marque du moindre préjugé est bien sûr «idiot». Lorsque Michel Jobert quitte le Quai d'Orsay, il laisse le souvenir d'un ministre en osmose avec son ministère : «Le passage éclatant du confident en un tel moment et à un tel poste nous épargna une mélancolie douloureuse[103]», écrit au nom de ses confrères François Seydoux en songeant à la fin des années Pompidou.

Valéry Giscard d'Estaing ne sait pas très bien ce qu'est le judaïsme ni qui sont les Juifs. Cette incompréhension ne sera jamais surmontée pendant son septennat, ce qui ne peut évidemment que faciliter le travail du Quai. Le ministre des Affaires étrangères du premier gouvernement Chirac est Jean Sauvagnargues. C'est encore une fois un homme de la Carrière dans laquelle il est entré en 1941 avant d'être nommé attaché d'ambassade à Bucarest par Vichy et de rejoindre la France libre avec d'autres diplomates, comme lui résistants non de la première heure mais du bon moment, fin 1943. Il est tenu en rênes courtes dans la tradition de la Ve République.

«Il semble que les préoccupations d'ordre économique, commercial et financier ont prédominé dans l'analyse et le comportement des responsables français vis-à-vis des États[104]» du Moyen-Orient, remarque pudiquement la spécialiste Irène Errera-Hoechstetter pour aider à comprendre l'absence totale de scrupules de la diplomatie française dans les années 70 en vue de conclure des marchés avec les pires dictatures vouées à l'éradication de l'État juif. Mais, selon la formule de Raymond Aron, « Étatcide… n'est pas génocide ».

Dès sa conférence de presse d'octobre 1974, le nouveau président de la République exprime son soutien total à la cause palestinienne. Mais ce n'est pas assez : encore faut-il concrétiser cet attachement. Le 21 octobre, Jean Sauvagnargues est envoyé à Beyrouth, au siège de l'OLP où il est le premier représentant d'une démocratie à serrer la main de Yasser Arafat. Son passage à Jérusalem, un peu plus tard, on s'en doute, ne permet que de prendre acte du « fossé infranchissable » qui sépare désormais les deux capitales. Le président de la République est offensé par les réactions outrées des Juifs de France à la poignée de main de Beyrouth et il évoque, à son tour, avec l'un de ses plus proches conseillers le problème de la double appartenance. Une note de Lionel Stoléru, l'un de ses conseillers, un Juif, lui offre une mise au point, une note remarquable de l'aveu même du biographe du président, Jean Bothorel. Sans aucun effet[105]. On comprend que la visite de Jean Sauvagnargues en Israël, la première d'un ministre français en exercice depuis la création du jeune État, destinée à apaiser les tensions, ait manqué son objectif.

Dans le gouvernement Barre, Louis de Guiringaud devient ministre des Affaires étrangères, marque persistante de la totale inféodation du gouvernement à l'Élysée qui ne veut pas d'homme politique à ce poste. Il n'y a donc aucun changement de ligne à attendre de sa part. Au contraire, la France « accepte et reconnaît les options politiques de chacun », déclare Louis de Guiringaud à son homologue libyen, en juillet 1977 — à l'exception de celles d'Israël, la seule démocratie de la région.

Le rapprochement avec les Palestiniens trouve sa place naturelle dans la politique arabe de la France *via* l'Association de solidarité franco-arabe (ASFA), créée à l'instigation du général de Gaulle qui a placé à sa tête Louis Terrenoire, un compagnon de la Libération totalement acquis aux idéaux de l'OLP. Georges Montaron, le directeur de *Témoignage chrétien*, dont l'équipe est passée du sauvetage des Juifs à la haine d'Israël, assurera la diffusion de la revue de l'ASFA, les fonds secrets de l'Élysée lui permettant de créer ses réseaux. Maurice Couve de Murville sera membre de l'association.

C'est l'ASFA qui organise la première rencontre entre Mahmoud Hamchari, porte-parole de l'OLP, et Fernand Rouillon, le directeur d'Afrique du Nord et du Levant au Quai d'Orsay[106]. En 1970, le Quai, de concert avec l'un des conseillers particuliers du leader palestinien, Khalid al-Hassan, transforme le bureau parisien du parti de Yasser Arafat en représentation officielle de l'OLP, ce qui a pour effet immédiat de transférer dans les rues françaises la brutale politique du Moyen-Orient. Dès décembre 1972 Mahmoud Hamchari est assassiné, très certainement par le Mossad. Il apparaît alors que son bureau a servi de dépôt d'armes et de centre de communications bien au-delà de son rôle efficace de rassembleur des partisans de la cause palestinienne. Non seulement Israël n'a plus à ménager la France, devenue champ de bataille, mais encore il peut faire ainsi passer des messages clairs. Le successeur de Mahmoud Hamchari, Azzedine Kalak, est tué quant à lui par le groupe palestinien dissident Abou Nidal. Il y aura de nombreux autres assassinats au cours des années 70.

En 1977, Abou Daoud est à Paris, sous une identité fictive et en possession d'un visa dûment délivré sous sa fausse identité par le consulat français de Beyrouth. On le soupçonne d'être l'organisateur du massacre des athlètes israéliens lors des jeux Olympiques de Munich en 1972. Il est très normalement reçu par Pierre Serles, directeur de l'Afrique du Nord et du Levant au Quai d'Orsay, ce qui est un honneur plutôt curieux pour un terroriste. Non moins curieusement, la police républicaine faisant son travail l'arrête peu après. Fidèle à l'accord tacite avec les Palestiniens, le président Giscard d'Estaing le fait aussitôt relâcher. Le Quai expliquera qu'il ne savait pas qu'Abou Daoud était l'objet d'une demande d'extradition émise par l'Allemagne. Tandis que le ministère de l'Intérieur essaie de faire passer le départ d'Abou Daoud pour une expulsion, le Quai envoie une lettre d'excuses à l'OLP.

Le public ne connaît pas ces détails tout de suite, mais lorsqu'ils sont révélés le scandale est tel que le président, alors en visite en Arabie saoudite, se sent obligé de déclarer qu'Israël n'a pas à restituer tous les territoires et que l'OLP n'est pas le seul représentant du peuple palestinien. Quant à Louis de Guiringaud, il lui faut accorder aux Israéliens quelques avantages commerciaux. En mars, il se rend en Israël et arrive le soir de la Pâque, obligeant ainsi ses hôtes à renoncer au plus important repas de famille de l'année juive, un peu comme si le ministre israélien se faisait recevoir à Paris le soir du réveillon de Noël. Si les Israéliens, déjà indisposés par la France, le reçoivent sans mot dire, on reste consterné de l'indifférence du service du protocole français à l'égard des Juifs...

Pour rétablir le déséquilibre, le Quai redouble d'efforts pour favoriser la montée en puissance internationale de l'OLP tandis que Louis de Guiringaud explique à la radio que la France n'est pas opposée à la création d'un État palestinien.

En 1978, excédés par les attaques de l'OLP menées depuis le Liban sur leur frontière nord, les Israéliens déclenchent l'opération Litani pour porter un coup sérieux aux capacités opérationnelles de leur ennemi. Pour Louis de Guiringaud, pas question d'en faire porter la responsabilité aux Palestiniens : « Ce sont les milices chrétiennes qui ont déclenché la dernière bagarre à Beyrouth », déclaret-il, ajoutant qu'elles y ont été poussées par Israël. L'affirmation est tellement stupéfiante qu'elle déclenche un scandale dans la presse. Louis de Guiringaud en fera les frais quelques mois plus tard en étant contraint de quitter le gouvernement.

Son successeur, Jean François-Poncet, fils d'André François-Poncet, reçoit chaleureusement Moshe Dayan, son homologue, au début 1979. Mais les Juifs n'ont même pas l'espoir d'un simple rééquilibrage de la politique extérieure française. Les événements leur donnent vite raison. La même année, la Communauté européenne adopte la vision française — en fait celle de la Ligue arabe définie lors de sa conférence de Rabat — et décide de soutenir l'OLP, devenant ainsi pour longtemps son partisan le plus fidèle et un de ses soutiens financiers, alors que les actions terroristes se multiplient. La Communauté européenne suit le modèle français et accorde à l'OLP un statut officiel en ne condamnant jamais le terrorisme visant des Israéliens et des Juifs.

L'année suivante, c'est encore la diplomatie française qui pilote la «déclaration de Venise» de la Communauté européenne, au terme de laquelle l'OLP se voit reconnue comme l'instrument de l'autodétermination des Palestiniens — une exigence formulée par les Arabes lors de la session de Damas du dialogue euro-arabe en 1978. Ce n'est pas la cause palestinienne qui est légitimée mais bien l'organisation qui s'en est emparée : l'OLP.

Avant les attaques directes que Paris va subir dans les années 90 de la part des néofondamentalistes algériens, la France est déjà devenue un champ de bataille, on l'a dit. La longue série des attentats qui commence en 1970 inclut l'explosion d'une voiture piégée devant les locaux d'un journal pro-irakien (dont la Syrie est presque certainement responsable) et les attentats commis par Ilitch Ramirez Sanchez, le célèbre «Carlos» (attentats dont la responsabilité se partage entre ses différents bailleurs de fonds arabes). Au cours de l'été 1975 Carlos tue à Paris deux policiers qui tentaient de l'arrêter puis s'enfuit à Beyrouth. Près de vingt ans plus tard cependant, il sera livré aux Français par les autorités soudanaises, jugé à Paris et condamné à la prison à vie.

À la fin du mois de juin 1976, un Airbus d'Air France reliant Tel-Aviv à Paris est détourné sur Entebbe, en Ouganda, par le Front populaire de libération de la Palestine, une faction palestinienne opposée à l'OLP. L'Ouganda est alors entre les mains d'Amin Dada, dictateur sanglant, qui protège les terroristes dès leur arrivée. Les passagers sont retenus en otage jusqu'à ce que des commandos israéliens parviennent à les délivrer au cours d'une opération particulièrement risquée. Le Quai d'Orsay n'exprimera jamais la moindre reconnaissance pour ce sauvetage de citoyens français — des Juifs séparés par les terroristes des non-Juifs, lesquels avaient été relâchés avant l'intervention des soldats israéliens, mais surtout de l'équipage d'Air France qui a refusé d'abandonner un seul de ses passagers.

En fait, c'est plutôt le contraire qui se produit. Alors que l'ambassadeur de France à Tel-Aviv se réjouit publiquement d'une « victoire morale sur la force », le Quai d'Orsay envoie à Amin Dada un message de remerciements. Le pilote d'Air France doit prétexter un enrouement pour ne pas le lire publiquement... Jean François-Poncet le répète, « Idi Amin est un chef d'État souverain et Israël n'avait pas le droit de violer son territoire[107] ».

Au lendemain de l'affaire, un sondage effectué en France montre que 80 % des personnes interrogées soutiennent Israël et 1 % l'OLP. On mesure à quel point le Quai incarne la diplomatie de la nation[108].

Dans les années 80, la réalité rattrape la France sur le chemin de l'illusion diplomatique. En octobre 1980, l'attentat de la rue Copernic fait quatre victimes et trente blessés (c'est à cette occasion que Raymond Barre, alors Premier ministre, se distingue, vingt ans avant son soutien aux négationnistes, par sa déclaration malheureuse restée célèbre au sujet des « deux Français innocents » — c'est-à-dire non juifs — figurant parmi les victimes); en août 1982, rue des Rosiers, une autre attaque terroriste tourne au massacre dans le restaurant juif Goldenberg, faisant six morts et vingt-deux blessés.

Ces attentats, auxquels il faut ajouter les attaques d'ambassades et de bureaux français dans les pays arabes, abrogent de fait le *gentlemen's agreement* que Georges Pompidou pensait avoir négocié avec les Palestiniens : se soumettre à la volonté d'un groupe terroriste, dans ce cas l'OLP, et tout faire pour lui attirer la reconnaissance internationale, c'est forcément s'aliéner ses concurrents. Les tenants de la *realpolitik* arabe au Quai d'Orsay ont mis des années à comprendre cette évidence. Leur lâcheté envers le terrorisme ne pouvait payer à long terme.

Vis-à-vis des États arabes, en revanche, la complicité est vraiment payante, dans tous les sens du terme. Les États-Unis, consolidant la position privilégiée qu'ils occupent en Arabie saoudite depuis la fin de la Seconde Guerre mondiale, ont laissé les Français en dehors d'Aramco, la société qui détient le monopole du pétrole dans le royaume. Plus au nord, l'Irak possède des réserves de pétrole presque équivalentes à celle de l'Arabie saoudite. Le pays, autrefois dans la sphère d'influence britannique, est depuis la révolution de 1958 dangereusement instable, oscillant au gré des différents prétendants au pouvoir entre nationalisme arabe et influence communiste. Jouant de son soutien au premier courant, la France va s'efforcer de faire progresser ses intérêts économiques. Elle espère ainsi qu'un Irak sous son influence parviendra à terme à rivaliser avec la présence américaine en Arabie saoudite.

On se souviendra de Jacques Chirac comme de celui qui, plus qu'aucun autre, aura aidé et encouragé l'Irak sans la moindre attention pour les crimes commis par le régime ni pour le reste de la région que les ambitions de Saddam

Hussein plongèrent dans l'instabilité. Depuis le début de sa carrière sous le général de Gaulle et Georges Pompidou, puis durant ses années à Matignon et enfin à l'Élysée, Jacques Chirac semble avoir incarné ce besoin de grandeur et de prestige si caractéristique des élites françaises, dont il a été l'un des représentants les plus éminents. Il a déployé tous ses talents, aux Nations unies comme dans les institutions européennes, pour renforcer et armer la dictature irakienne. Jusqu'à amener la France à défendre publiquement l'indéfendable, en opposition flagrante avec les valeurs humanistes que le pays se vante d'incarner depuis 1789, mais en parfaite cohérence avec l'esprit du Quai.

Saddam Hussein a pris le pouvoir par un coup d'État en 1968, et fait assassiner dans la foulée autant de communistes que possible. L'affaiblissement du pouvoir soviétique offre à la France de nouvelles ouvertures dans ses relations avec un État aussi désireux d'exporter son pétrole que d'accroître son armement. Pierre Serles, à l'époque ambassadeur à Bagdad, aide à poser les bases de cette amitié nouvelle. Saddam Hussein, qui voyage rarement, se rend tout de même en visite officielle à Paris en juin 1972. Chris Kutschera, dans *Le Livre noir de Saddam Hussein*, rapporte les propos tenus par ce dernier au Premier ministre Jacques Chaban-Delmas : «Nous ouvrons la porte à la France et l'invitons à profiter de cette occasion que nous lui offrons, autant dans son intérêt que dans le nôtre.»

En novembre 1974, Bernard Kouchner vient en aide aux Kurdes contraints à l'exode par Saddam Hussein. Il se trouve lui-même pris sous le feu d'hélicoptères et de missiles de fabrication française utilisés par l'armée irakienne.

«Notre pays lui vendait la mort», commente-t-il dans *Le Livre noir de Saddam Hussein.*

Au cours d'un entretien préliminaire à Bagdad, Jacques Chirac, devenu Premier ministre, développe immédiatement avec Saddam Hussein des relations qu'il faut bien qualifier d'admiration réciproque que pourtant rien ne laissait au départ présager. Jacques Chirac, après tout, a servi comme officier en Algérie durant les années 50 et n'est d'aucune façon un admirateur du nationalisme arabe (même si bien plus tard, en mars 2003 à Alger, il déposera une couronne au pied du monument commémorant les «martyrs» qu'il a lui-même combattus). Cependant, bien qu'officiellement gaulliste, le Premier ministre déclare à son nouvel ami : «Le nationalisme au meilleur sens du terme et le socialisme comme moyen de mobiliser les énergies pour organiser la société de demain sont des sentiments très proches des cœurs des Français.» Saddam Hussein revient en France par deux fois, en mars et septembre 1975. «Je vous accueille comme un ami personnel», lui annonce Jacques Chirac. «Je veux vous assurer de mon estime, de ma considération et de mon affection.» Ces «impulsions du cœur», ajoute-t-il, comptent en politique autant que l'intérêt national.

Après la finalisation d'une vente d'avions, Jacques Chirac emmène son hôte visiter un centre de recherche nucléaire en Provence et propose de lui vendre un réacteur identique à celui cédé dix-huit ans plus tôt à Israël. C'est ainsi que des techniciens français supervisent ce qui va devenir le projet Osirak. Et le Quai d'Orsay accepte au passage, bien sûr sans la moindre objection, les conditions irakiennes stipulant que les équipes de techniciens seront épurées «des personnes de race juive». Après le dîner aryen pour les nazis, le Quai d'Orsay invente la centrale atomique aryenne pour Saddam Hussein.

Il semble que nul ne se soit interrogé sur le bien-fondé de fournir en armes atomiques deux adversaires susceptibles de les utiliser pour s'annihiler l'un l'autre. Il n'y avait pas non plus à prendre en considération le traité de non-prolifération que la France n'avait pas signé. Au contraire, dans son livre sur le terrorisme en France, Édouard Sablier rapporte que «dans les milieux du Quai d'Orsay et même à l'Élysée il ne manque pas de hauts fonctionnaires pour déclarer discrètement que puisque l'on a aidé Israël à acquérir la capacité nucléaire, pourquoi ne pas faire le même geste en direction des pays arabes[109]?». L'anxiété de Washington telle qu'elle se manifeste auprès de Valéry Giscard d'Estaing à ce sujet se voit opposer une fin de non-recevoir : «Nous ne pouvons laisser nos alliés américains et européens poursuivre leur offensive contre notre industrie nucléaire.»

Des contrats de plusieurs millions de dollars sont donc signés, prévoyant la construction d'un aéroport, d'usines de dessalement, et l'exportation de voitures; en contrepartie les Irakiens prévoient des concessions pétrolières. De son côté Israël fait ce qu'il peut pour empêcher la mise au point finale du réacteur nucléaire. En juin 1981, l'usine est sur le point d'entrer en activité, et toute intervention militaire sera bientôt impossible sous peine de conséquences irrémédiables. Lors d'une opération combinant prouesse technique et audace humaine, huit avions israéliens réduisent le projet Osirak à un amas de ruines. La seule victime est un technicien français, Damien Chassepied, qui, en secret des autorités françaises — tout au moins du Quai —, a clandestinement aidé l'escadron israélien à naviguer vers sa cible. On ignore encore la raison pour laquelle il s'est malencontreusement attardé dans l'usine et a perdu la vie lors d'une opération dont au moins un peu du mérite lui revient. Grâce à lui, et aux aviateurs israéliens, les ambitions de Saddam Hussein de devenir un jour le Bismarck arabe ont en tout cas été à jamais réduites en poussière.

Si l'engagement de la France auprès de l'Irak dans les années 70 peut s'expliquer par d'authentiques raisons de géopolitique et d'intérêts financiers, le maximalisme de la déclaration de Venise en choqua plus d'un, y compris parmi les quelques amis du peuple palestinien gênés de l'officialisation par la France de la mainmise de l'OLP sur leur cause. L'échec de la diplomatie antiterroriste en gêna d'autres, sans parler de l'alignement total sur les *diktats* arabes en échange de faveurs économiques qui n'ont pas forcément profité à tous les Français. Si les Juifs morts n'ont jamais vraiment trop compté pour la diplomatie française, les choix du Quai, cette fois, conduisaient à la mort de quelques «Français innocents». Les diplomates diront bien sûr que leur ligne politique a permis d'en sauver davantage…

15

Les fruits de la lâcheté

À la fin des années 70, le Quai joue une nouvelle carte gagnante : la révolution islamique.

Ruhollah Khomeyni s'envole pour Paris le 6 octobre 1978, accompagné de sa femme et de ses collaborateurs les plus dévoués. Les intellectuels qui s'opposent au Shah sont pour certains religieux, pour d'autres laïques, mais tous sont parfaitement insérés dans les cercles de la gauche française. Ils accueillent l'ayatollah Khomeyni et se chargent de lui trouver un lieu d'asile non loin de Paris, à Neauphle-le-Château. L'ayatollah a bientôt ainsi à sa disposition deux petites maisons quelconques et, dans le jardin attenant, une tente bleue et blanche où faire ses prières.

Son exil a commencé en 1963. Il s'est tout d'abord réfugié en Turquie, puis en Irak, à Najaf, l'un des principaux centres chiites. C'est là que s'est peu à peu bâtie sa réputation de traditionaliste dissimulant un révolutionnaire de type nouveau. Là également qu'il a fait connaître la virulence méprisante de son opposition radicale au pouvoir et à la personne de Mohammad Reza Pahlavi dans des diatribes au vitriol. À Téhéran, elles alimentent les manifestations de rue grandissantes qu'une répression parfois meurtrière a de plus en plus de mal à contenir. Le Shah a demandé l'expulsion de l'ayatollah Khomeyni à Saddam Hussein. La Syrie comme le Koweït ont refusé de le recevoir. Lui, qui n'a jamais vécu dans un pays non musulman, échoue en France, semble-t-il parce qu'il n'a nulle part où aller. Le visa n'est qu'une formalité. Selon l'ayatollah lui-même : « Au début le gouvernement français se montra circonspect. Par la suite il fut aimable, et nous a laissé promouvoir notre vision des choses en profondeur, bien plus que nous ne l'espérions. » En retour, il affichera toujours une complète indifférence pour la France et sa culture. Pas une fois il n'aura la curiosité de visiter Paris, une ville qui pour lui est « la capitale des Francs ».

Dans ses Mémoires *Réponse à l'Histoire*, le Shah décrit comment Valéry Giscard d'Estaing a dépêché un envoyé spécial à Téhéran pour plaider en faveur d'« une solution politique à la crise », euphémisme désignant le rejet de l'usage de la force contre le militantisme chiite. Il semble que l'envoyé en question n'ait été nul autre que le chef des services secrets français, le comte Alexandre de Marenches. Mir Ali Asghar Montazem, un Iranien critique à la fois de l'ayatollah Khomeyni et de la France, est beaucoup plus explicite dans *The Life and Times of Ayatollah Khomeyni* : « Selon certaines sources, les services de renseignements français étaient désireux de voir Khomeyni s'installer en France parce qu'ils voyaient en lui le futur dirigeant iranien. Selon d'autres, la paternité de cette vision des choses revient au ministère des Affaires étrangères. » Amir Taheri, l'un des plus éminents journalistes iraniens, aujourd'hui en exil, est tout aussi clair dans son livre *The Spirit of Allah* : les Français furent selon lui les premiers à penser qu'un gouvernement dirigé par l'ayatollah Khomeyni leur offrirait «une opportunité en or» — ou plutôt en pétrole.

Grand, émacié, une apparence ascétique renforcée par des robes noires et un lourd turban, Ruhollah Khomeyni attire immédiatement l'attention internationale. Ses vitupérations quotidiennes contre le pouvoir en place à Téhéran — et contre les États-Unis qui un jour paieraient cher leur soutien à l'oppresseur du peuple — vont de pair avec des engagements de respecter la liberté des Iraniens une fois qu'il serait parvenu au pouvoir. Il fait plusieurs fois allusion à un futur régime démocratique, à l'égalité des droits y compris pour les femmes — dans les limites, bien entendu, tolérées par l'islam. C'est ainsi que Neauphle-le-Château devient tout à la fois un théâtre médiatique et un centre de subversion, chacun de ces aspects nourrissant l'autre.

Selon les calculs d'Amir Taheri, durant les quatre mois de son séjour en France l'ayatollah Khomeyni aura donné quelque cent trente-deux interviews — à la radio, la télévision et la presse écrite — et publié pas moins de cinquante communiqués. Certaines sources françaises donnent des chiffres supérieurs. Il reçoit également chez lui près de cent mille Iraniens, dont le total des donations s'élèvera à plus de 20 millions de livres sterling, essentiellement en liquide. Muhammad Hassanein Heikal, journaliste égyptien et ancien confident de Nasser, fut l'un de ceux qui purent l'interroger. La gendarmerie, se souvient-il, avait accordé aux gardes du corps de l'ayatollah plusieurs permis pour un nombre limité d'armes incluant deux mitrailleuses. Les Palestiniens, note-t-il sans faire le moindre commentaire sur la légalité de l'opération, en fournirent plus encore.

Sans conteste, c'est l'utilisation des moyens de communication français qui parachève la chute du régime du Shah. Le bureau de poste local a mis à la disposition de l'ayatollah Khomeyni deux télex et six lignes téléphoniques, qu'il utilise pour envoyer ses instructions et orchestrer la violence dans les rues de Téhéran. Fereydoun Hoveyda, frère du Premier ministre malchanceux Amir Abbas Hoveyda (tout d'abord sacrifié par le Shah avant d'être condamné à mort après la révolution), se souvient de la stupéfaction régnant dans les cercles dirigeants iraniens quant à l'attitude de la France «qui permettait au religieux exilé de fomenter la rébellion, en parfaite violation des règles internationales concernant les réfugiés politiques».

Le diplomate Charles Chayet est la courroie de transmission entre les autorités françaises et Neauphle-le-Château. Son état d'esprit oscille. On le voit dans les tout premiers jours de janvier 1979 informer Ruhollah Khomeyni de l'expiration prochaine de son visa de touriste et de la nécessité de régulariser sa situation sous peine d'expulsion. Il fait parvenir un mémorandum sur le sujet au président Giscard d'Estaing, qui le remet à son tour au président américain Jimmy Carter lors d'un sommet à la Guadeloupe. À peine un an plus tôt, Jimmy Carter a publiquement soutenu le régime du Shah. Il l'a reçu en visite d'État à Washington et s'est réjoui avec effusion de «la confiance totale» dont il jouit auprès du peuple iranien. En décembre, un mois avant la rencontre de la Guadeloupe, il se plaint encore à Valéry Giscard d'Estaing de la déstabilisante présence de l'ayatollah Khomeyni sur le territoire français. Le sommet guadeloupéen est cependant l'occasion d'un revirement complet : les États-Unis, expose alors le président Carter, ne s'opposeront pas à l'établissement d'un nouveau gouvernement en Iran, pourvu qu'il soit issu d'élections régulières. Charles Chayet rapporte alors fidèlement à l'ayatollah Khomeyni que les États-Unis et la France se préparent à le laisser prendre la place du Shah. Dans *Mémoires d'un président*, son autobiographie, Jimmy Carter ajoute un élément supplémentaire à ce va-et-vient d'incertitudes : le 14 janvier 1979, il aurait appelé le président français pour lui demander de tout faire pour retarder le départ de Ruhollah Khomeyni vers Téhéran.

Il est trop tard. À cette date sa victoire est déjà totale. Le Shah est en fuite. Le 1er février, l'ayatollah Khomeyni rentre à Téhéran dans un avion d'Air France spécialement affrété — exigeant et obtenant que les hôtesses portent le voile! — et, à son arrivée, descend de l'appareil avec l'aide du pilote. L'inepte politique équivoque de Jimmy Carter a scellé le sort d'une révolution aux conséquences aussi dangereuses pour l'équilibre international que tous les grands bouleversements qui l'ont précédée dans l'histoire. Sitôt conquis le pouvoir absolu, l'ayatollah Khomeyni répudie les libertés qu'il s'était engagé à respecter dans ses innombrables interviews de Neauphle-le-Château. L'un de ses disciples d'exil — son «fils spirituel» —, Abol Hasan Bani Sadr, fut dans un premier temps nommé président mais dut bientôt retourner en France pour sauver sa vie. L'ayatollah Khomeyni lui aurait dit : «À Paris j'ai jugé opportun de dire ce que j'ai dit, en Iran je juge opportun de le démentir et très franchement c'est ce que je fais.»

Sous son règne, plus cruel et plus absolu que celui du Shah, l'Iran s'est transformé en une nation combattant les mécréants de par le monde au nom de l'islam. Le régime s'est donné pour vocation de mobiliser Iraniens et musulmans des autres pays, d'affronter et de soumettre tant les États-Unis que l'Occident dans son ensemble, dont les populations sont perçues avant tout comme chrétiennes et juives. Le choc des civilisations est devenu une perspective réelle et, s'il devait advenir, la France de Valéry Giscard d'Estaing y aurait été pour beaucoup.

Le ressentiment français quant aux influences anglaise et russe en Perse remonte à Napoléon. L'Empereur envoyait alors à Téhéran des missions culturelles et militaires dans l'espoir de renforcer la présence française dans le pays. La furieuse propagande antiaméricaine qui balaie l'Iran après le retour de l'ayatollah Khomeyni offre des perspectives renouvelées aux Français, selon une logique malheureuse qui va se révéler illusoire au fil des mois.

En septembre 1980, Saddam Hussein déclare la guerre à l'Iran. Elle durera huit ans et provoquera dans les deux pays des pertes énormes. C'est durant cette période que l'ayatollah Khomeyni fait importer de Taïwan cinq cent mille petites clés en plastique qu'il fera distribuer dans les écoles : elles sont censées ouvrir les portes du paradis aux élèves qui se sacrifient, les enfants-soldats étant envoyés sans armes à travers les champs de mines irakiens.

La France soutient immédiatement l'Irak. Il s'agit désormais de favoriser un régime laïque contre la menace représentée par la République islamique iranienne. Quelques mois après sa prise de fonctions, le successeur socialiste de Jean François-Poncet, Claude Cheysson, fait savoir à Tariq Aziz, son homologue irakien, que la France, bien au-delà de l'endiguement de l'Iran révolutionnaire, est également disposée à remplacer le réacteur détruit d'Osirak. Le soutien militaire conventionnel a d'ailleurs dépassé les «irrégularités» dénoncées par René Massigli au sujet des contrats d'acquisition d'armes par Israël vingt ans plus tôt puisque des avions français à peine repeints, pilotés par des Français, effectuent des missions contre les forces iraniennes. Mais rien d'anormal cette fois pour le Quai d'Orsay.

Le 1er décembre 1989, le général Jacques Mitterrand, de la Direction générale de l'armement, atterrit à Bagdad porteur d'un message personnel de son frère, le président de la République, promettant un «soutien politique». De fait, Jacques Mitterrand et Jean-Pierre Chevènement, ministre de la Défense et président des Amitiés France-Irak, partagent une admiration avouée pour Saddam et vont coordonner les détails de la coopération militaire franco-irakienne[a].

En outre, le gouvernement du Shah a prêté près de 1,2 milliard de dollars au Commissariat à l'énergie atomique pour la construction d'une usine d'enrichissement d'uranium en Iran appelée Eurodif, dont elle aurait acheté 10 % de la production. En 1979, l'ayatollah Khomeyni fait suspendre les paiements et réclame le remboursement du prêt, tout en renonçant au contrat de fourniture de centrales nucléaires passé avec le gouvernement Barre. La France refuse à l'Iran l'exercice de ses droits d'actionnaire dans Eurodif et de fournir la part convenue de l'uranium.

L'Iran introduit l'organisation terroriste Hezbollah au Liban et en Syrie, étendant ainsi son influence dans les pays arabes tout en démentant de tels agissements. Shapour

---

a. En 1973, Jean-Pierre Chevènement avait refusé de signer une motion rappelant le droit d'Israël à disposer de «frontières sûres».

Bakhtiar, ancien Premier ministre du Shah, compte parmi les nombreux Iraniens réfugiés en France. En juillet 1980, une tentative bâclée d'assassinat dans sa maison de Neuilly fait deux victimes, un policier et une passante. En juillet 1990, François Mitterrand, cédant aux demandes iraniennes, accordera royalement son pardon aux quatre hommes jugés pour cette tentative de meurtre, comme son prédécesseur avait fait libérer Abou Daoud. Shapour Bakhtiar sera finalement assassiné quelques années plus tard.

Le 4 septembre 1981, quelques jours après une rencontre entre Claude Cheysson et Yasser Arafat, des hommes de main — mercenaires syriens ou agents du Hezbollah — tuent Louis Delamarre, l'ambassadeur de France à Beyrouth, un message très clair de la part de la Syrie. Deux ans plus tard un attentat suicide du Hezbollah vise le quartier général du contingent français de l'Onu, tuant cinquante-huit personnes. La même année, une bombe explose dans l'ambassade de France au Koweït et en 1984 Guy Georgy, l'ambassadeur à Téhéran, est pris en otage[a]. En 1985 six Français, dont deux membres de l'ambassade, sont kidnappés à Beyrouth et retenus en otage deux années durant. L'un d'eux, Michel Seurat, trouvera la mort. Ses restes ne seront rendus à sa famille qu'en 2006. En 1986, une série d'attentats dévaste Paris des Champs-Élysées à la rue de Rennes, faisant onze morts et cent soixante-trois blessés. Selon les chiffres d'Amir Taheri, les agents iraniens tuent durant cette période dix-sept exilés ou dissidents réfugiés en France[110]. En 1987, lorsque les juges prétendent inter-

a. Des diplomates américains ont subi le même sort quelques années plus tôt en réponse aux offres d'ouverture de Jimmy Carter.

roger à ce sujet un certain Wahid Gordji, de l'ambassade iranienne à Paris, l'Iran réagit en rompant les relations diplomatiques, geste en net contraste avec la passivité des autorités françaises lors de la prise en otage de Guy Georgy à Téhéran en 1984. Les relations diplomatiques ne seront rétablies qu'un an plus tard, au terme de longues négociations secrètes agrémentées de concessions humiliantes de la part des Français.

François Mitterrand se lamente : « Nous ne sommes pas les ennemis de l'Iran. L'Irak est un pays ami. Mais je n'entends pas que nos ventes d'armes puissent être assimilées à un acte d'agression (...). La France n'a pas choisi son camp ; il se trouve qu'elle a une amitié, elle ne veut pas avoir un ennemi. » Cette impasse, ces contradictions résultent d'un engrenage dans lequel s'est engagé le pouvoir. Le journaliste Pierre Péan y voit un mélange diversement dosé de « lâcheté, [de] mépris, [d']incapacité, [de] légèreté et [de] raison d'État ». Les rapports avec l'ayatollah Khomeyni rappellent ceux entretenus trente ans plus tôt avec Haj Amin al-Husseini, le mufti de Jérusalem. Les uns et les autres tout aussi futiles dans la recherche d'une d'influence qui a pour conséquence un bain de sang et la déstabilisation permanente du Moyen-Orient.

Après les déclarations du président iranien Mahmoud Ahmadinejad, exprimant sa volonté de rayer Israël de la carte, Jacques Chirac s'est contenté de répondre à cette promesse hitlérienne de génocide en menaçant l'Iran d'être « exclu de la communauté internationale ». En juillet 2006, violant à nouveau une frontière internationale, le Hezbollah a tué et fait prisonniers plusieurs Israéliens. Jacques Chirac n'a pas perdu une seconde pour condamner les mesures de représailles israéliennes comme «totalement disproportionnées», y voyant le signe «d'une sorte de volonté de détruire le Liban».

L'Iran ne fait pas mystère de son soutien militaire et financier au Hezbollah — ce qui le rend de fait responsable des agressions commises par cette milice. Cela n'a pas empêché Philippe Douste-Blazy, alors ministre des Affaires étrangères, en un autre grand exemple de déni de la réalité, de louer publiquement l'«influence stabilisante» de l'Iran dans la région — mais, disent certains diplomates, il n'avait pas bien compris le texte que le Quai d'Orsay lui avait préparé. À cette date, les diplomates français ont fini par comprendre le danger que représenterait pour la région et le monde un Iran nucléarisé. La rapidité de jugement n'est décidément pas leur fort.

L'affaire Khomeyni est riche d'enseignements sur les structures mentales des hommes qui pilotent la diplomatie française. Il y a les morts dont ils se soucient, c'est-à-dire ceux qui tombent sous les coups des Israéliens, et ceux dont ils ne se soucient pas : les milliers de victimes des dictatures arabes ou de l'OLP et du Hezbollah au Liban. Plus inquiétant, il y a les victimes françaises qui ne comptent pour rien. Au nom de la *realpolitik*, malgré les Français tués — dont un ambassadeur —, les prises d'otages, les vagues d'attentats à Paris, la mise en coupe réglée par le Hezbollah du sud du Liban, pays «protégé» par la France depuis plus d'un siècle, et bien sûr malgré la pression terroriste exercée par ce «parti de Dieu» sur Israël, le Quai d'Orsay s'oppose toujours à l'inscription du Hezbollah sur la liste des organisations terroristes dressée par le Conseil de l'Union européenne…

16

Hommes nouveaux,
politique ancienne

L'élection de François Mitterrand à la présidence de la République, en 1981, aura suscité de nombreuses inquiétudes, ne serait-ce que pour son alliance avec le Parti communiste, destinée en réalité, comme l'histoire l'a montré, à le poignarder à mort. Pour le Quai d'Orsay, les déclarations du candidat Mitterrand lors de la campagne électorale en faveur d'une politique équilibrée au Moyen-Orient sont tout sauf rassurantes et son attachement à la pérennité d'Israël sans équivoque. Le candidat de gauche s'y est souvent rendu, pour assister aux réunions de l'Internationale socialiste, notamment. Il a également dénoncé la déclaration de Venise et défendu la paix entre l'Égypte et Israël.

François Mitterrand tient promesse, ne serait-ce qu'en décidant de faire appliquer les lois antiboycott et en se rendant à Jérusalem — voyage inimaginable pour un président de droite. Le discours qu'il prononce en 1982 à la Knesset est un vrai discours d'amitié et de retrouvailles entre la France et Israël. Mais François Mitterrand est un manœuvrier par trop habile pour s'aliéner le Quai d'Orsay ainsi que les bénéfices économiques et financiers, réels ou supposés, de l'alliance avec le monde arabe. Dans absolument tous les domaines, intérieur ou extérieur, civil ou militaire, politique ou économique, François Mitterrand joue toujours sur les deux tableaux — ce qui à ses yeux est la définition de l'équilibre. En particulier, il réconcilie, si l'on peut dire, le pouvoir et les Juifs dans le cadre national, tout en laissant le Quai d'Orsay aux mains des hommes qui ont toujours favorisé les partisans de l'élimination d'Israël.

Son premier ministre des Relations extérieures — nouveau nom du ministère — est Claude Cheysson, et on l'a vu à l'œuvre à l'occasion de la politique de nucléarisation de l'Irak qu'il souhaitait reprendre. C'est un partisan sans réserve du soutien à l'OLP. Diplomate, il a déjà établi en 1978, comme membre de la Commission européenne et avec l'autorisation de son président, un contact avec l'organisation terroriste en la personne de Farouk Kadoumi. Le ministre de la Coopération, Jean-Pierre Cot, est encore plus tiers-mondiste et anti-israélien que son collègue des Relations extérieures. Michel Jobert, lui, détient le portefeuille du Commerce extérieur avec tout de même le rang de ministre d'État : il est le seul ministre à refuser d'accompagner François Mitterrand à Jérusalem.

Claude Cheysson, Michel Jobert ainsi que Jacques Delors, ministre de l'Économie, ont d'ailleurs tout fait pour convaincre, en vain, François Mitterrand de ne pas appliquer les lois assurant la conformité des échanges franco-israéliens avec le droit international. Quatre fois, le Quai d'Orsay s'est opposé à ce que soit mis un terme au boycott d'Israël par les entreprises françaises, d'après Yves Azeroual et Yves Derai[111]. Paradoxalement, le diplomate parti expliquer la position de François Mitterrand aux Arabes, Claude de Kémoularia, deviendra président du

Club de la péninsule arabique et assurera ses interlocuteurs arabes que L'Oréal — entreprise codirigée par André
Bettencourt, un ami personnel, on l'a vu, de François Mitterrand — boycotte bien Israël. Dans son entreprise,
Claude de Kémoularia sera très activement aidé par le
Quai d'Orsay. L'intransigeance du premier Premier ministre israélien de droite, Menahem Begin, va d'ailleurs rapprocher François Mitterrand, ami des travaillistes israéliens,
des positions de Claude Cheysson.

François Mitterrand n'a pas le temps de mettre en œuvre
sa stratégie d'équilibre subtil. Il est élu en mai 1981 ; en
juin, les Israéliens détruisent Osirak. Il est fort possible,
comme certains journalistes l'ont écrit, que le nouveau
président et les plus hauts responsables du Quai d'Orsay
voulaient mettre fin au projet Osirak, trop dangereux pour
toute la région. En choisissant la destruction physique du
réacteur, les Israéliens montrent qu'ils ne comptent que
sur eux-mêmes et provoquent la même animosité à Paris
qu'au temps du général de Gaulle. François Mitterrand a
« cru que son amitié pour Israël lui donnerait des droits ;
M. Begin lui a fait comprendre qu'elle ne lui conférait que
des devoirs[112] », note très justement l'ambassadeur Robin.

L'année suivante, les Israéliens décident de frapper
l'OLP, non plus pour l'affaiblir, comme en 1978, mais pour
détruire pour de bon la base terroriste qu'est devenu le
Liban. C'est la guerre du Liban.

La France envoie alors ses navires afin d'évacuer les milliers de combattants de l'OLP vers Tunis. Yasser Arafat
lui-même est placé sous immunité diplomatique française
par Paul-Marc Henry, l'ambassadeur à Beyrouth. En 1983,
la marine française sauve à nouveau Yasser Arafat des

mains syriennes. Mais réfugié à Tunis, sans troupes, sans force, il n'exprime aucune reconnaissance pour la diplomatie française lorsque Claude Cheysson lui rend visite en 1984. Son objectif reste la destruction de l'État juif. Le Quai d'Orsay va devoir reconstruire l'OLP une fois de plus car rien ne peut changer sa ligne de soutien absolu à cette organisation. Yasser Arafat reste la star de la diplomatie française et François Mitterrand demeure convaincu qu'il est la clé de la paix dans la région, alors que les attentats ne cessent pas.

La marque du Quai d'Orsay, qu'il s'agisse du ministre ou des fonctionnaires, est de ne jamais dénoncer le terrorisme lorsqu'il est le fait de l'OLP ou de ses organisations amies. Mieux, au lendemain de l'attentat contre la synagogue de Vienne, Claude Cheysson compare Yasser Arafat au général de Gaulle et l'OLP à la France libre. Il paralyse la réalisation du programme d'action arrêté par la Commission mixte franco-israélienne pour les affaires économiques, et remet *sine die* la signature du protocole pour la protection et l'encouragement des investissements. Il repousse également l'établissement d'un calendrier pour la visite de la mission française chargée de poser les fondements de la coopération technologique avec Israël. D'une certaine manière, il tente le boycott dans le respect du droit et ravive les chicanes et tracasseries à l'égard d'Israël dans lesquelles le Quai d'Orsay se reconnaît…

Parfois Claude Cheysson s'égare. Lorsqu'il gèle l'accord culturel franco-israélien en 1982, François Mitterrand doit l'obliger à faire machine arrière. Et lorsque le président prend une décision qui n'est pas assez favorable aux ennemis d'Israël, la machine diplomatique en adoucit la teneur. En 1989, François Mitterrand annonce que la France votera contre l'admission de l'OLP à l'Unesco et à l'OMS, au motif que le mouvement palestinien ne représente pas un État, pourtant le Quai n'envoie à ses représentants qu'une instruction d'abstention…

Claude Cheysson revendique ouvertement son antisionisme. L'ambassadeur d'Israël, Ovadia Soffer, un fonctionnaire d'une grande mollesse par rapport à Asher Ben Nathan ou Meir Rosenne, et comme tel apprécié par le Quai, sent «qu'il avait une profonde admiration pour les Israéliens tout en considérant qu'ils n'avaient aucun droit, historique ou autre, pour revendiquer un État indépendant[113]». En fait, Claude Cheysson, comme Michel Jobert, comme Auguste Gérard soixante-dix ans plus tôt et comme beaucoup d'autres diplomates, n'a rien contre les Juifs en tant qu'individus. Mais en vrai homme du Quai d'Orsay, il ne supporte pas l'idée qu'ils décident de leur destin. À l'inverse, accompagner les Arabes dans la réalisation de leur destin est une mission absolue. Lorsque Anouar el-Sadate, mis au ban du monde arabe parce qu'il a fait la paix avec Israël, est assassiné en 1981, Claude Cheysson s'en réjouit presque en déclarant que sa mort «fait disparaître un obstacle au rapprochement interarabe».

Les relations entre la France et Israël commencent à se rééquilibrer entre le retrait israélien de l'essentiel du Liban, en 1984, et le déclenchement de la première intifada, en 1987. Beaucoup ont voulu y voir la marque des relations chaleureuses entre le président et la communauté juive. En réalité, la France doit suivre cette fois l'évolution de la diplomatie européenne. La nécessité de s'aligner sur les *diktats* arabes se fait moins pressante pour une longue liste de raisons. L'Europe est d'abord de moins en moins dépendante du pétrole arabe. L'ostracisme de la Ligue arabe à l'encontre de l'Égypte paralyse le Forum du dialogue euro-arabe, organisation par laquelle la Ligue transmet traditionnellement ses exigences. La défaite électorale du faucon Menahem Begin, remplacé par le travailliste Shimon Peres en 1984, modifie la perception d'Israël. Les groupes palestiniens fédérés par l'OLP ont montré leur vrai visage d'occupants sanguinaires du Liban, d'où ils ont été chassés par les Israéliens, et les terroristes du Front de libération de la Palestine ont porté préjudice à leur image en précipitant un handicapé juif dans la mer, lors du détournement de l'*Achille Lauro* en 1985. La guerre Iran-Irak est d'une importance stratégique sans commune mesure avec le différend israélo-palestinien. Le romantisme des mouvements «révolutionnaires progressistes» s'essouffle...

L'opération de sauvetage d'Arafat au Liban tournera au désastre pour les soldats français restés sur place et cibles dès l'année suivante d'attentats de la part des terroristes chiites. Le rapprochement franco-américain souhaité par le président en fait les frais, ce qui permet au Quai d'Orsay de remettre en marche la machine antiaméricaine et anti-israélienne.

Claude Cheysson, devenu Commissaire européen chargé de la politique méditerranéenne, va pouvoir expliquer à l'Europe qu'il y a deux terrorismes : un terrorisme idéologique, qui mérite d'être combattu, et un terrorisme nationaliste, qui défend les droits d'un peuple et ne doit donc pas être combattu — le terrorisme palestinien étant bien sûr nationaliste.

Roland Dumas, successeur de Claude Cheysson aux Affaires étrangères de décembre 1984 à mars 1986, puis de mai 1988 à mars 1993, est à ce titre l'homme de la continuité. C'est un avocat sulfureux et un intime de François Mitterrand. Il a toutes les raisons pour épouser la cause des ennemis d'Israël. Elles ne sont pas celles de son prédécesseur. Si Claude Cheysson est le champion de Yasser Arafat, Roland Dumas est le champion d'Hafez el-Assad, le dictateur syrien ennemi mortel de Yasser Arafat et qui vit de l'entretien d'un état de guerre permanent avec Israël. Le ministre de la Défense d'Hafez el-Assad est Moustapha Tlass, scénariste à ses heures du feuilleton antisémite *Le Cavalier sans monture* inspiré des *Protocoles des sages de Sion*, qui a connu un succès phénoménal dans les pays arabes. Sa fille, veuve du marchand de canons saoudien et intermédiaire de la France au Liban Akkram Ojjeh, est pour le moins intime de Roland Dumas. Richissime, elle offrira un scanner et ses accessoires à la ville de Sarlat. Les électeurs de la circonscription lui ont témoigné toute leur reconnaissance en assurant la réélection comme député de son bon ami.

Le ministre des Affaires étrangères n'en est pas moins un grand partisan de la cause palestinienne en soi : il a été l'avocat d'Hilarion Capucci, évêque melkite de Jérusalem, contrebandier d'armes pour l'OLP, et du sinistre Abou Daoud. Le nouveau chef de la diplomatie française, auteur d'articles haineux à l'encontre d'Israël avant de prendre ses fonctions, a également défendu le recours des Palestiniens à la « piraterie aérienne », selon sa propre formule, ce qui n'est pas commun pour qui fait du droit son métier.

Son père a été fusillé par les nazis pour faits de résistance et Roland Dumas plantera un arbre à sa mémoire dans l'allée des Justes à Yad Vashem, un symbole derrière lequel il pourra s'abriter lorsque sa moralité sera mise en cause [a].

En 1988, alors que Yasser Arafat tente de récupérer l'intifada spontanée dont il n'est absolument pas responsable, le Quai d'Orsay vient renforcer son image en faisant du bureau de l'OLP à Paris une « Délégation générale de Palestine », c'est-à-dire une ambassade. Une opération nécessaire pour préparer la venue du chef terroriste sur lequel la diplomatie française, totalement marginalisée au Moyen-Orient, place tous ses espoirs. On se rend compte que le Quai d'Orsay n'a ainsi contribué à fabriquer l'OLP, au prix de la vie de centaines de victimes, que pour avoir sa carte à jouer dans la région, aux dépens des notables palestiniens et bien sûr des autres organisations terroristes auxquelles les diplomates avaient arbitrairement refusé l'étiquette de « modérées ».

Le président Giscard d'Estaing avait invité Yasser Arafat pour une première visite officielle à Paris en 1979. Ce dernier était alors encore fidèle à ses objectifs, la destruction d'Israël, et à ses méthodes, le terrorisme. L'ambassadeur d'Israël, Meir Rosenne, avait alors explosé : « Je refuse de croire que la terre des droits de l'homme puisse inviter un terroriste. La France inviterait-elle Hitler ? » Bruno de Leusse, secrétaire général du Quai d'Orsay, avait répondu

---

a. On notera que le terme de « Justes des nations », très souvent repris dans le discours sur la mémoire de la Shoah, y compris par les plus hautes autorités françaises, est un concept juif créé par l'État d'Israël dont la paternité est systématiquement omise.

en accusant Meir Rosenne d'insulter la France. L'ambassadeur d'Israël devait être par la suite, selon le mot de l'historien Howard Sachar, «virtuellement inexistant dans les cercles officiels français[114]».

Ibrahim Souss, représentant de l'OLP à Paris dans les années 80, beau-frère de Yasser Arafat, est devenu une star. Tous deux ont épousé des filles de Raimonda Tawil, une femme de la bonne société de Naplouse. Dans *Paris capitale arabe*, Nicolas Beau décrit comment Ibrahim Souss, doté d'une réputation de pianiste, est «apprécié des salons parisiens, où il acquiert une formidable popularité». Le même auteur constate l'influence d'Ibrahim Souss sur Hubert Védrine, secrétaire général de l'Élysée pendant la présidence Mitterrand. Au lendemain du voyage de François Mitterrand à Jérusalem, il déclare au *Matin de Paris* que la question d'une rencontre entre Yasser Arafat et le président est «indécente aujourd'hui». Très vite, Ibrahim Souss comprend que la ligne du Quai a bien moins changé que les Juifs ne le pensent.

Claude Cheysson a rencontré Yasser Arafat à Beyrouth dès la première année du nouveau septennat. La seconde visite officielle en France du chef palestinien a lieu le 2 mai 1989, jour de commémoration de la Shoah — nouvelle bourde du Quai qui irrite fortement François Mitterrand. C'est lors de ce voyage que Yasser Arafat déclare *caduque* la charte de l'OLP appelant à la destruction d'Israël. En fait, c'est ce qu'avait voulu comprendre Roland Dumas et c'est lui qui a suggéré à Yasser Arafat d'utiliser ce terme. Bien qu'à l'époque l'expression fût présentée comme une percée incomparable obtenue grâce à la France, les événements démontreront ce que cette maîtrise inattendue des subtilités de la langue française cache en matière de mystification. D'autant que Yasser Arafat n'a aucune légitimité pour modifier la charte de l'OLP à lui tout seul[a]. Ce que le Quai d'Orsay se gardera bien de faire remarquer, lorsque Yasser Arafat reconnaîtra le lendemain, au micro d'Europe 1, que la charte n'est bien sûr pas annulée et qu'il n'a aucun pouvoir pour l'amender.

La discrétion du Quai s'explique également par la position inconfortable où le place cette déclaration : jusqu'alors, les diplomates français ont soutenu un groupe dont la raison d'être était la destruction de la seule démocratie pluraliste du Moyen-Orient. Le processus de paix qui est mis en route, et se traînera sans fin depuis les accords d'Oslo jusqu'aux rencontres de Camp David organisées sous les auspices du président Clinton, ne débouchera en fin de compte que sur la violence délibérée d'une seconde intifada. Yasser Arafat a compris que l'histoire ne verrait pas la fin d'Israël d'un coup, mais qu'il en faudra de nombreux. Il a décidé de prendre son temps. Il a roulé François Mitterrand et le Quai d'Orsay.

À cette date, selon la formule de Dominique Moïsi, le président est le véritable interprète de la politique étrangère, il la personnalise inévitablement et, lors de la guerre du Golfe tout spécialement, renforce le sentiment d'une marginalisation du Quai d'Orsay[115]. Comme le dit un haut fonctionnaire à Barbara Balaj, le Quai est une « prolongation » ou une « extension » de l'Élysée[116]. Si les diplomates

---

a. D'après son article 33, la charte de l'OLP ne peut être amendée qu'à une majorité des deux tiers lors d'une réunion spécialement convoquée à cet effet.

ont une fois de plus les mains liées sur la forme — François Mitterrand prenant à son compte la personnalisation de la politique étrangère qu'il a dénoncée comme candidat —, sur le fond c'est leur ligne qui est adoptée. La raison en est simple : les responsables de la diplomatie française ont été intégrés à l'équipe élyséenne au lieu de rester dans leurs bureaux du Quai d'Orsay.

L'invasion du Koweït par l'Irak en août 1990 met en évidence cette osmose en même temps qu'elle vient interrompre les idylles franco-irakienne et franco-palestinienne de façon quelque peu embarrassante. Lors d'un discours devant l'assemblée générale de l'Onu François Mitterrand affirme que certaines des revendications de Saddam Hussein sur le Koweït sont légitimes, en écho à Claude Cheysson, toujours prêt à défendre une dictature arabe à titre privé. En retour, Saddam Hussein relâche les trois cent vingt-sept Français qu'il gardait, parmi d'autres résidents étrangers, en otage. Il attend manifestement de la France qu'elle le sauve de la guerre qui menace — «une guerre coloniale» selon le mot de Jean-Pierre Chevènement, qui finira d'ailleurs par démissionner lorsque la France se joindra tout de même à la coalition. Paris ira jusqu'à envoyer un porte-avions dans le Golfe, mais sans avions — ce qui fera écrire au sarcastique Jean-François Revel que la France aurait au moins dû prévoir à la place un défilé de majorettes sur le pont d'envol. Bien sûr, Roland Dumas exprimera à l'Arabie saoudite la «sympathie de la France» après les tirs de missiles irakiens contre le royaume. Les Israéliens, visés eux aussi par des tirs de Scuds, attendent toujours cette expression de sympathie.

La valse-hésitation nationale française vis-à-vis des

États-Unis — entre expression de supériorité et sentiment d'infériorité — est on ne peut mieux résumée par François Mitterrand lui-même lorsqu'il affirme, au beau milieu de la crise, que nul ne doit dicter sa politique à la France. «Je respecte M. Bush mais je ne me sens pas dans la position du soldat de seconde classe obligé d'obéir à son commandant en chef.» Pour de nombreux diplomates français, ne pas accabler Israël, c'est déjà faire le jeu des États-Unis et s'aliéner le monde arabe. La «politique arabe» du Quai d'Orsay, bien avant d'être anti-israélienne, est antiaméricaine. La politique étrangère de François Mitterrand, qui tranche assurément avec les préjugés de ses prédécesseurs, s'est très vite perdue dans les aberrations de l'équilibre. Au sujet d'Israël, l'ambassadeur Pierret pourra écrire : «Nous avons voulu être subtils et nous n'avons été que complaisants, faisant étalage de ce manque de courage que d'autres appellent duplicité[117].» On comprend que les hommes du Quai d'Orsay aient été parfaitement à l'aise entre 1981 et 1995.

Les Israéliens vivants n'ont jamais beaucoup d'importance dans la vision du Quai. Ainsi lorsque le Premier ministre Michel Rocard se rend en Israël, où il rencontre notamment une délégation palestinienne, elle seule apparaît dans la «Chronologie de politique internationale» publiée par le ministère des Affaires étrangères, omettant tout simplement les entretiens avec le président d'Israël, le Premier ministre ainsi que les ministres des Affaires étrangères et de la Défense.

Les Israéliens morts ne comptent évidemment pas plus que les vivants. C'est au cours du second septennat de François Mitterrand que le Quai d'Orsay donnera le meilleur de son mépris pour la vie des Juifs en général et celles de ses concitoyens juifs en particulier. Le Quai ne condamne jamais les attentats palestiniens, au mieux les déplore-t-il, quand les victimes se comptent par dizaines. Lorsqu'en mai 1990 en revanche, un Israélien tue sept Palestiniens, le communiqué du Quai annonce que «le gouvernement français condamne cet acte et partage le deuil des familles et de la nation palestinienne». Une mission du secrétaire d'État à l'Action humanitaire, Bernard Kouchner, est envoyée sur place sans la moindre coordination avec les Affaires étrangères israéliennes. Cette procédure de type colonial donne le ton du message : l'État israélien n'a pas de légitimité.

Une telle négation de l'autre se reproduira constamment. L'ambassadeur de France à Tel-Aviv en fera même les frais, ne recevant pas les télégrammes ou le matériel de travail envoyés à ses collègues en poste dans les pays arabes. Lorsque Roland Dumas fait réaliser un documentaire télévisé sur les ambassades de France en guerre, Tel-Aviv est oublié. Pendant la guerre du Golfe, les cinq mille masques à gaz envoyés par la France aux Palestiniens sont d'un modèle plus récent que les cent soixante destinés au personnel diplomatique français en Israël ! Il n'est pas bon de trop s'approcher des Israéliens, même lorsque l'on est nommé à Tel-Aviv…

En 1992, Georges Habache, chef du FPLP, un groupe terroriste marxiste, concurrent de Yasser Arafat, vient se faire soigner en France. C'est son mouvement qui a détourné l'avion d'Air France à Entebbe en 1976 et procédé au sinistre tri entre passagers juifs et non juifs. La liste de ses crimes est impressionnante : c'est un tueur et l'un des terroristes les plus cruels, comme il l'a prouvé contre ses ennemis au Liban pendant la guerre civile. Mais il est malade. Exclu du *gentlemen's agreement* des années 70, il y entre avec vingt-deux ans de retard sur la proposition de Yasser Arafat avec lequel il s'est réconcilié en 1987.

Yasser Arafat demande que la Croix-Rouge française le prenne en charge. Le secrétaire général du Quai d'Orsay, François Scheer, et le directeur de cabinet de Dumas, Bernard Kessedjian, émettent un avis favorable. Les services du Quai constatent que Georges Habache n'est pas poursuivi en France, seulement mêlé à une affaire de caches d'armes — un juge antiterroriste veut d'ailleurs l'entendre à ce sujet. Le monde a changé, pas les diplomates qui, cette fois, semblent jouer sans ordres, soit qu'ils trouvent tout à fait normal d'accueillir Georges Habache, soit que les ordres n'aient plus besoin d'être rappelés depuis longtemps. Georges Habache n'est-il pas déjà venu à Paris par le passé en toute discrétion ?

Quoi qu'il en soit le scandale est terrible. François Scheer et Bernard Kessedjian serviront momentanément de fusibles pour sauver Roland Dumas, avant de connaître des promotions méritées. Dans le télégramme qu'il enverra à tous les postes diplomatiques lors de son départ, François Scheer fera part de son «sentiment de ne pas avoir failli[118]».

17

Les piliers de la déraison

En apportant son soutien à Saddam Hussein et Yasser Arafat, la France espérait parvenir enfin à cette position dominante au Moyen-Orient dont elle rêvait depuis si longtemps. Désormais seule superpuissance, les États-Unis ont pour responsabilité de maintenir la paix dans la région, tâche multiforme et difficile. La politique de la France nécessite donc de s'opposer aux États-Unis et à Israël, qui sont cependant en théorie des alliés. Les prétextes et faux-fuyants destinés à faire croire en une coopération française sincère vont donc se révéler particulièrement élaborés, tout comme le seront les efforts pour faire croire à une défense de la paix exempte de tout intérêt d'argent.

La France a dû se résigner tout d'abord, on l'a vu, à une participation modeste à la guerre du Golfe de 1991. De façon désastreuse, Yasser Arafat a choisi à cette occasion de s'aligner sur Saddam Hussein, et des Palestiniens ont été filmés dansant de joie sur les toits de leurs maisons à la vision des Scud déchirant le ciel pour frapper Israël. Par neuf fois des émissaires français se sont rendus auprès de Yasser Arafat — parmi lesquels Michel Rocard, alors Premier ministre, Claude Cheysson et Roland Dumas. La déconfiture de leur champion dans la région représente au moins momentanément un problème de taille. Le processus de paix d'Oslo se met en branle sans la moindre participation française.

En accédant à la présidence de la République en 1995, Jacques Chirac est résolu à corriger ce qu'il considère comme un recul inadmissible. Il réussit remarquablement à entretenir de bonnes relations avec la communauté juive de France. Lorsque les attaques antijuives commenceront à prendre de l'ampleur en France au début des années 2000, son premier mouvement sera de nier tout antisémitisme dans le pays. Toutefois, au fil de l'aggravation des événements, il multipliera également les condamnations des agressions antisémites. Avec lui, l'abîme de méfiance entre la droite néogaulliste et les Juifs se comblera pour de bon. Il ne jouera d'aucune ambiguïté à l'égard de Vichy, n'entretiendra pas à sa table, comme François Mitterrand, des artisans de la Shoah, lancera au contraire un véritable chantier de mémoire pour réconcilier les Juifs de France avec l'histoire du pays.

Et cependant, à travers son soutien inconditionnel à Yasser Arafat et à l'OLP, il s'est volontairement fait le champion d'un homme et d'une organisation responsables de la mort de milliers de Juifs. Cela n'a pas été son seul geste allant dans ce sens. Hassan Nasrallah, le leader du Hezbollah libanais, une création iranienne vouée à mettre la main sur le Liban et à détruire Israël, a été salué avec chaleur par Jacques Chirac lors d'un sommet francophone — nous y reviendrons.

Jacques Chirac est également le seul leader occidental à

s'être rendu aux funérailles de Hafez el-Assad, l'implacable dictateur syrien opposé à toute paix avec Israël, grand promoteur de l'antisémitisme à travers le monde et accessoirement responsable de l'assassinat d'un ambassadeur de France. Lorsque Jacques Chirac l'avait reçu à Paris en 2001, le tollé était venu non pas des Juifs mais de toutes les organisations de défense des droits de l'homme. Qu'importe : la Syrie est un partenaire important.

Lors de son passage aux Affaires étrangères à la fin du second septennat de François Mitterrand Alain Juppé ne ménage pas ses efforts pour rétablir l'équilibre entre les intérêts arabes et israéliens dans le quotidien du Quai d'Orsay. Il ne remet pas en cause la politique arabe de la France et rejette la moindre complaisance à l'égard d'Israël, mais parvient à gérer harmonieusement une sorte de normalisation entre les deux pays.

Son successeur, Hervé de Charette, conserve l'acquis sans aller plus loin. Issu de la noblesse vendéenne qui a longtemps lutté contre la République et Napoléon, ses relations avec Israël sont d'ailleurs caractéristiques du début du siècle. Les sœurs de sa mère, dont sa marraine, sont religieuses au monastère d'Abou Gosh[a]. Le prisme par lequel Hervé de Charette lit le Moyen-Orient n'est jamais bien loin de la problématique des Lieux saints. Après son passage au ministère, il attaquera d'ailleurs souvent Israël et deviendra un des partisans de l'armement nucléaire iranien.

---

a. Quoique la communauté d'Abou Gosh soit installée en Israël, elle est rattachée au consulat de France à Jérusalem en vertu des accords conclus avec l'Empire ottoman. On a du mal à ne pas y voir la nostalgie d'un temps où protection des Lieux saints et politique arabe ne faisaient qu'un...

Jacques Chirac ne fait pas moins de cinq voyages au Moyen-Orient dans la seule année 1996. La France, précise-t-il en avril lors d'un discours au Caire, entend poursuivre sa politique traditionnelle dans la région avec une vigueur renouvelée. Il a encouragé Yasser Arafat à faire appel à lui à la moindre urgence, ce qui lui vaut de la part du leader palestinien le surnom ironique de «docteur Chirac» — et dans tous les sens du terme, clinique ou politique, à Ramallah ou sur la scène internationale, Yasser Arafat est bien un homme à sauver. Cette même année 1996 a vu une recrudescence des attentats terroristes ainsi que le recours aux attentats suicides par le Hezbollah et surtout l'OLP. Les ripostes israéliennes ont entre autres pour effet de miner la position et la légitimité de Yasser Arafat, qui en est l'instigateur. Ce dernier s'envole pour Paris et fait appel au «docteur Chirac».

La réponse ne se fait pas attendre, sous la forme d'un voyage organisé en Israël dès le mois d'octobre en compagnie de la représentante de l'OLP à Paris, Leïla Shahid. Jacques Chirac et son équipe s'installent au King David Hotel de Jérusalem. Comme le remarque malicieusement Alexandre Adler, «les égards dus à Leïla Shahid sont sans commune mesure avec ceux qu'on réserve à l'ambassadeur du Nicaragua, pour prendre un État de taille comparable [à l'Autorité palestinienne, N.d.A.] et de PIB équivalent[119]». Alexandre Adler ajoute même : «Il faut rompre avec cette hypocrisie qui consiste à croire que la France a une quelconque sympathie pour Israël, cela nous gêne dans notre raisonnement. Nous sommes, il faut le savoir, un pays allié aux pays arabes, qui est hostile à la politique d'Israël et qui la combat par l'action de ses agents diplomatiques[120].»

Dans son livre, *Les Secrets d'un ambassadeur*, Avi Pazner, représentant d'Israël à Paris, raconte l'insistance avec laquelle le porte-parole de l'Élysée s'assure de la présence de journalistes pour la visite annoncée du président français dans la Vieille Ville. L'incident ne peut manquer. Sur le trajet, Jacques Chirac refuse successivement la protection des policiers israéliens en uniforme, puis celle des policiers en civil. Soudain, plutôt que de s'en tenir au parcours prévu, il s'enfonce dans les petites rues du souk. Apostrophant au passage brutalement les agents de la sécurité israélienne qui font de leur mieux pour l'entourer en le gênant, il les menace de rentrer immédiatement à Paris : « Ne vous inquiétez pas de ma vie, j'irai droit au ciel », leur lance-t-il. La destination de la « promenade », bien dans cette réminiscence des croisades qui a par le passé servi de caution aux prétentions françaises au Moyen-Orient, est l'église Sainte-Anne. Une fois sur place il annonce qu'il refuse d'entrer dans le sanctuaire tant que la police israélienne ne se sera pas retirée. Puis il pénètre dans l'église et déclare aux Arabes qui l'attendent son soutien total à leurs revendications en matière de droits politiques. Ce soir-là, une réception est organisée pour les Palestiniens au consulat général de France à Jérusalem. Quant à la soirée de l'ambassade de France à Tel-Aviv, pas un seul Israélien de Jérusalem n'y sera invité, évidemment.

Le lendemain un hélicoptère conduit Jacques Chirac, toujours en compagnie de Leïla Shahid, à Ramallah afin de prononcer un discours devant le Conseil législatif palestinien — une première pour un chef d'État ou de gouvernement. Tous les États arabes devraient s'inspirer de l'exemplaire démocratie palestinienne, déclare-t-il face à un Yasser

Arafat en extase — sans trop s'attarder cependant sur la manière dont les États doivent s'y prendre, ni même sur la nature de la prétendue démocratie. Puis Yasser Arafat décore Jacques Chirac de l'Étoile de la Palestine. Dans la suite de son voyage — à Amman, en Jordanie — Jacques Chirac développera son second sujet de prédilection : la dénonciation des sanctions occidentales visant l'Irak de Saddam Hussein.

Cette odyssée, caractéristique d'un certain état d'esprit, provoque les applaudissements du monde arabe tout entier — et la stupéfaction du reste de la planète. Elle n'est pas sans conséquences. L'incident du souk — prémédité si l'on en croit Avi Pazner — a rendu Jacques Chirac définitivement hostile aux Israéliens.

Grâce aux pressions françaises l'Union européenne devient le pourvoyeur de fonds de Yasser Arafat. Des centaines de millions de dollars sont bientôt versés à l'Autorité palestinienne, dont une grande partie financera le terrorisme contre Israël, ainsi que la propagande terroriste notamment destinée aux enfants *via* la télévision, et dans la mise au point de manuels scolaires antisémites. Une partie de l'argent est également transférée sur de discrets comptes personnels à l'intention de Yasser Arafat.

Les mêmes pressions lors de la conférence de Barcelone, en novembre 1995, amènent l'Union européenne à formaliser le prétendu partenariat euroméditerranéen avec douze pays du sud de la Méditerranée. Bien qu'entravée de façon typique par la bureaucratie européenne, l'idée de départ du partenariat n'était guère autre chose que le développement du concept de la France comme «puissance musulmane».

Selon Bat Ye'or, une analyste qui fait autorité en la matière, la déclaration de Barcelone produisit «chez les Arabes un crescendo d'antisionisme et de violence antiaméricaine». Avec d'autres initiatives, elle apparaît comme l'une des étapes vers la constitution de l'Eurabia, dit Bat Ye'or dans son livre *Eurabia, l'axe euro-arabe* — néologisme pour désigner un continent et sa culture en passe de se livrer volontairement à la suprématie arabe.

La seconde intifada commence en octobre 2000. Lors du sommet de Camp David Yasser Arafat n'a pas estimé les concessions israéliennes suffisantes et décide de profiter de la visite d'Ariel Sharon, l'ennemi politique du Premier ministre israélien Ehud Barak, sur l'esplanade des Mosquées, à Jérusalem, pour jouer le jeu qu'il maîtrise le mieux, celui de la violence sur le terrain. Dès le mois suivant, Yasser Arafat et Ehud Barak se retrouvent à Paris pour un sommet tendu mis sur pied par Madeleine Albright, secrétaire d'État américaine. Lorsqu'il les accueille, Jaques Chirac donne le ton en se précipitant pour embrasser Yasser Arafat, tournant ostensiblement le dos au chef du gouvernement israélien. À quelques minutes de la mise au point d'un accord instituant le cessez-le-feu, Jacques Chirac téléphone à Yasser Arafat pour lui conseiller de ne pas signer avant d'avoir obtenu des concessions supplémentaires : l'accord capote. Selon le chef d'état-major d'Ehud Barak, l'intervention française a pour effet de «renverser tout le processus», bien qu'un porte-parole de la présidence française ait prétendu que Jacques Chirac n'avait fait que rechercher l'«apaisement». Cet amour de la cause palestinienne aux dépens de la vie des protagonistes, quels qu'ils soient, Juifs ou Arabes, Israéliens ou Palestiniens, reste une constante de la ligne diplomatique française.

Le prix à payer pour sauver Saddam Hussein ne sera pas moindre. En 2002-2003, l'arène que choisit la France n'est autre que les Nations unies. Plusieurs raisons à cela : durant les années 80 Paris a vendu à l'Irak pour 25 milliards de dollars d'armement, et une bonne partie de cette somme reste encore à régler. Les sanctions internationales empêchent les compagnies pétrolières françaises de développer leurs concessions dans le pays. Tout comme la France a, selon de curieuses estimations, bénéficié de l'aide apportée à Yasser Arafat, son soutien à Saddam Hussein lui vaudra de réaliser une vieille ambition : faire contrepoids aux Britanniques et aux Américains, ces fameux *Anglo-Saxons*[a] hybrides tant redoutés depuis Vichy dans la plupart des discours intellectuels français. En plus de sa menace de veto au Conseil de sécurité, la France peut compter sur le soutien de l'Allemagne et de la Russie : les trois puissances sont liées par leurs intérêts économiques en Irak. Pour une bonne part de leurs populations respectives, la perspective d'un défi lancé à l'« hégémonie américaine » (pour employer une autre expression fantasmatique du discours intellectuel) a quelque chose d'enivrant. Ajoutons un autre facteur plus discret, mais non moins important : l'enrichissement personnel de quelques privilégiés.

On mentionnera pour mémoire l'amitié naturelle, donc désintéressée, pour les humanistes arabes de grands démocrates français, comme Roselyne Bachelot, ministre de

a. En français dans le texte (*N.d.T.*).

l'Environnement sous la présidence de Jacques Chirac, présidente du groupe d'études France-Irak à l'Assemblée nationale (et vice-présidente du groupe d'Amitiés France-Syrie).

Durant toute la période précédant la seconde crise du Golfe de 2003, Jacques Chirac et son plus fidèle collaborateur, devenu ministre des Affaires étrangères, Dominique de Villepin, font de leur mieux pour protéger Saddam Hussein des conséquences, tout à la fois, de sa brutalité envers son propre peuple et de ses rodomontades lancées au reste du monde.

Des journalistes bien informés répandent le bruit selon lequel Dominique de Villepin aurait été l'auteur de la théorie de la parenthèse lorsqu'il était encore secrétaire général de l'Élysée : Israël est une parenthèse de l'histoire et doit être considéré comme telle. C'est la thèse de Yasser Arafat. Le président indonésien Walid a ainsi rapporté les propos du *leader* palestinien : « La phase intermédiaire pourra même durer cent cinquante ans, à la fin, nous parviendrons à jeter les Juifs à la mer. »

La réalité de l'histoire, donc la réalité à prendre en compte pour la diplomatie française, c'est le monde arabe et lui seul. À preuve la disparition après deux siècles du royaume franc de Jérusalem. D'Israël, il ne faut donc attendre que la disparition. Dans *Tous Américains ?*, Jean-Marie Colombani rapporte que cette théorie est de plus en plus souvent évoquée dans l'entourage de Jacques Chirac, tendant même à devenir une vulgate officielle[121].

Yasser Arafat reste le rêve de la France. Le 24 juin 2002, le président des États-Unis estime sa mise à l'écart nécessaire pour obtenir la paix. Son implication dans la campagne terroriste en Israël est trop flagrante. Le 25 juin, Dominique de Villepin, en tournée dans la région, rend visite à Yasser Arafat pour lui apporter le soutien de la France. Les années passent, les ministres aussi. Pas les illusions.

Plus concret, hors de la parenthèse, il y a bien sûr Saddam Hussein. Une cellule spéciale est constituée à l'Élysée pour le sauver des Américains, et un émissaire, Pierre Delval, est dépêché à Bagdad. Il va y passer deux semaines par mois afin d'étudier sur place «les possibilités de changement sans guerre». Jacques Chirac cherche à étendre indéfiniment les pouvoirs des experts onusiens chargés d'inspecter les sites soupçonnés d'abriter des armes de destruction massive afin de retarder d'autant la campagne militaire. Soutenant dans un premier temps la résolution 1 441 du Conseil de sécurité de l'Onu, qui expose Saddam Hussein à «de sérieuses conséquences» en cas de non-coopération avec les experts, Jacques Chirac fait savoir néanmoins l'opposition de la France à une seconde résolution censée la rendre applicable «quelles que soient les circonstances».

À en juger par sa conduite, Saddam Hussein semble avoir cru à la sincérité des intentions françaises à son endroit. En réalité, l'opposition de la France à l'Onu a pour effet de laisser les mains libres aux Américains et à leur coalition, les dégageant ainsi de tout cadre onusien. Cela revient dans les faits à sceller le sort du dirigeant irakien. Les opérations militaires commencent le 20 mars 2003 et il devient alors évident que le seul succès français a été de mettre en péril sa propre position dans l'Irak post-Saddam, voire à s'en exclure entièrement. Interrogé pour savoir qui des Américains ou des Irakiens il souhaite voir sortir vainqueur, un Dominique de Villepin amer est incapable de répondre.

Un livre, *Les Cent Semaines*, décrit les deux années que Dominique de Villepin passa au Quai d'Orsay. Une anecdote révélatrice raconte la réponse du ministre à un officiel exprimant son désir de voir les opérations militaires s'achever rapidement, donc faire peu de victimes : «Ce n'est pas souhaitable. La France aurait l'air ridicule.»

Peu après la libération de l'Irak la presse entreprend de révéler comment Saddam Hussein a contourné les sanctions onusiennes grâce à un vaste système de corruption au sein même de l'institution internationale — et au grand détriment de l'autorité morale dont elle se réclame. Malgré l'embargo, l'Onu a autorisé Saddam Hussein à vendre du pétrole à condition que les bénéfices générés financent des actions humanitaires en faveur des populations civiles — c'était le principe du programme «pétrole contre nourriture». Un grand nombre de compagnies pétrolières mais aussi d'individus sont invités par le régime irakien à y participer. On découvre après la défaite irakienne que Saddam a suborné ou corrompu une bonne partie d'entre eux. Le système a consisté pour les profiteurs à prélever un pourcentage des transactions et à en reverser une partie à Saddam lui-même ainsi qu'à sa garde rapprochée. Les sommes détournées atteignent plusieurs milliards de dollars, une échelle qui dépasse même les pires années de corruption de l'ère Mitterrand.

Sur la liste des personnalités qui seraient impliquées figurent des ressortissants de plusieurs pays, dont les États-Unis, et notamment onze Français, et non des moindres : Charles Pasqua, ex-ministre de l'Intérieur, son conseiller diplomatique Bernard Guillet, Gilles Munier, secrétaire général des

Amitiés France-Irak... et deux ambassadeurs de France, Jean-Bernard Mérimée et Serge Boidevaix. Le premier aurait touché 165 000 dollars et le second 200 000, selon l'enquête du juge d'instruction rapportée dans la presse française et américaine. Jean-Bernard Mérimée et Serge Boidevaix sont mis en examen pour trafic d'influence.

Jean-Bernard Mérimée est un descendant de l'écrivain par le frère de celui-ci. Ancien proche collaborateur de Valéry Giscard d'Estaing, il a servi comme ambassadeur au Maroc à partir de 1987 avant de devenir, entre 1991 et 1995, représentant permanent de la France à l'Onu. C'est lui qui à ce titre a négocié avec Tariq Aziz, alors ministre irakien des Affaires étrangères, le programme «pétrole contre nourriture» formellement adopté par le Conseil de sécurité le 14 avril 1995 (résolution 986). Jean-Bernard Mérimée s'est particulièrement attaché à protéger la souveraineté irakienne et se serait livré, selon *L'Express* du 20 octobre 2005, à «une intense activité de lobbying en faveur de l'Irak de Saddam Hussein» dont il aurait «en retour, tiré quelque profit». En 1999, la Banque marocaine du commerce extérieur (BMCE) qui s'efforçait de recouvrer quelque 22 millions de dollars de dettes irakiennes a demandé à Jean-Bernard Mérimée de s'entremettre. Ce dernier s'est immédiatement envolé pour Bagdad pour y rencontrer, par l'intermédiaire de Tariq Aziz, Rashid Amer, alors ministre irakien du Pétrole, lequel a offert de rembourser la BMCE avec du pétrole brut, en toute illégalité. Tariq Aziz aurait alors offert à Jean-Bernard Mérimée un bon pour deux millions de barils de pétrole brut, sur lesquels le profit de l'ambassadeur aurait atteint 165 000 dollars — somme qui aurait été versée en janvier 2002 sur son compte à la

BMCE de Casablanca. De plus, selon la description du *Canard enchaîné*, en remerciement des services rendus dans le déblocage des dettes irakiennes, Jean-Bernard Mérimée se serait vu offrir, apparemment sur les ordres de Hassan II, l'une des « villas magnifiques » construites par le Palais à Ouarzazate.

Serge Boidevaix représente un cas plus exemplaire. Ancien bras droit de Michel Jobert, conseiller diplomatique de Jacques Chirac en 1974, il a mis au point trois des rendez-vous du futur président avec le dictateur de Bagdad et joué un rôle décisif dans la vente du réacteur nucléaire à l'Irak. Devenu un ami de Saddam Hussein, il est en 1980 directeur d'Afrique du Nord et du Moyen-Orient, devient secrétaire général du Quai en 1992, et achève sa carrière avec la dignité d'ambassadeur de France. C'est un des grands parrains de la politique arabe de la France. À la retraite à partir de 2002, il est nommé président de la Chambre de commerce franco-arabe.

On notera que cette chambre de commerce un peu particulière jouit du privilège de délivrer des visas pour les documents d'exportation des entreprises françaises qui vendent des biens ou des services dans les pays membres de la Ligue arabe. C'est dire la sensibilité politique que revêt la fonction de président, son titulaire dispose ainsi d'un passeport diplomatique « de courtoisie ». Lorsque l'avocat de Serge Boidevaix affirme que son client a toujours gardé en tête les intérêts du Quai d'Orsay « afin de s'assurer que ses activités n'entraient pas en conflit avec la politique française », comment ne pas le croire ?

Il est vrai qu'il y a toujours eu une diplomatie parallèle qui entretenait des liens avec des terroristes et des dictateurs.

L'ASFA a joué ce rôle dans les années 70. À la fin des années 80, c'est le Cercle France-Pays arabes, financé par le Quai d'Orsay, qui se charge des rencontres avec les personnalités arabes qui ont trop de sang sur les mains pour qu'un chef d'État ou de gouvernement français ne les serre.

Le Quai, pour se couvrir autant que possible, a créé depuis un «comité d'éthique». Les excellences de la diplomatie française n'auraient-elles jamais eu à s'encombrer de ce concept auparavant? Comme l'expliquent Éric Aeschimann et Christophe Boltanski dans leur étude de la politique arabe de Jacques Chirac depuis les années 70 : «C'est un secret de polichinelle : des valises ont circulé entre Bagdad et Paris[122].» Les antisémites ont beau dénoncer l'accaparement par les Juifs des richesses du monde, force est de constater que ceux-ci n'échangent pas de valises avec le Quai d'Orsay.

Une des péripéties les plus grotesques de la vie politique française fut la cohabitation de 1997-2002. Conseillé par Dominique de Villepin, Jacques Chirac a imprudemment dissous l'Assemblée nationale dont la majorité des députés lui était acquise. Les élections ont mené les socialistes au pouvoir. L'ancien secrétaire général de l'Élysée Hubert Védrine a alors pris les Affaires étrangères dans le gouvernement Jospin. C'est un réaliste qui aime être pris pour un cynique, un vrai diplomate mitterrandien qui ne se détermine qu'en fonction des rapports de force. Son père, Jean Védrine, fut un proche ami de François Mitterrand du temps de leur pétainisme engagé, lorsqu'ils portaient tous deux la francisque.

Hubert Védrine a semble-t-il été choisi personnellement par Jacques Chirac pour les Affaires étrangères. Avec lui, les attentats ne sont jamais condamnés. Au contraire. Plus les Israéliens meurent, plus il fustige l'«attitude dilatoire» des Premiers ministres israéliens successifs qui n'ont aucune intention d'appliquer des accords que Yasser Arafat a également tout à fait ignorés. Hubert Védrine sera un critique systématique d'Israël, dans la droite ligne d'une diplomatie française dénonçant ce qui se fait sans elle.

Lorsque la vague antisémite déferle sur la France, à partir de l'automne 2000, c'est la classe politique tout entière qui la nie. Elle est surtout le fait de la jeunesse musulmane qui tente de se mettre à l'unisson de la seconde intifada en l'important en France. En janvier 2002, sur les ondes de Radio Classique, Hubert Védrine exprime son point de vue : «Il n'y a pas forcément à être choqué que de jeunes Français issus de l'immigration éprouvent de la compassion pour les Palestiniens, et soient dans tous leurs états en voyant ce qui se passe.» Brûler les synagogues, molester les Juifs dans la rue, c'est donc être «dans tous ses états». Le ministre trouve «odieux» que l'on puisse penser que la France est un pays antisémite.

Hubert Védrine sera la seule figure de la diplomatie mondiale à défendre l'analyse de l'Américain Robert Malley selon laquelle Yasser Arafat, qui a refusé les propositions de paix du Premier ministre israélien à Camp David en 2002, n'est pas responsable de l'échec des négociations. Il ira jusqu'à déclarer au *Nouvel Observateur* que blâmer Yasser Arafat pour l'échec des négociations de Camp David revient à céder à «la propagande israélienne». Lorsqu'il lui arrive de condamner Israéliens et Palestiniens, Hubert

Védrine personnalise toujours les premiers — tel ou tel Premier ministre israélien est responsable — et dépersonnalise toujours les seconds. L'essentiel reste de protéger Yasser Arafat.

En 2003, la coopération franco-israélienne est enfin relancée. Le rééquilibrage amorcé lorsque Alain Juppé était ministre des Affaires étrangères avait été compromis par la vague antisémite des années 2000-2002 et la campagne antifrançaise en Israël qui en fut la conséquence. Il est temps de panser les plaies. En juin 2002, Dominique de Villepin et Shimon Peres ont décidé que l'heure de la réconciliation avait sonné. Un groupe de haut niveau est chargé de relancer la coopération entre les deux pays. Celle-ci reprend avec toute une série de projets bilatéraux, notamment en matière culturelle et technologique, et de jumelages de municipalités. Cette coopération prépare la relance du dialogue politique.

En février 2004, le président israélien Moshe Katsav est reçu par Jacques Chirac — une manière d'éviter l'encombrant Ariel Sharon, même si l'Élysée oublie d'annoncer la visite. Celle-ci répare l'offense de Valéry Giscard d'Estaing qui avait fait savoir au président Katzir, en 1976, qu'il n'aurait pas beaucoup de temps à lui accorder s'il venait, ce qui avait conduit à l'annulation du voyage.

Rares sont ceux qui pensent encore, comme Alain-Gérard Slama, que « les relations entre Paris et Jérusalem sont détestables[123] » malgré les apparences. Le réchauffement est indéniable. Ariel Sharon lui-même se rend à Paris en juillet 2005. Une fondation franco-israélienne est inaugurée en novembre suivant. Une semaine de l'amitié franco-israélienne est mise sur pied en 2006. Parallèlement, le gouvernement prend des dispositions pour réprimer l'antisémitisme toléré par la passivité de Lionel Jospin, Premier ministre en 2000-2001.

Les bonnes habitudes ne peuvent pourtant pas se perdre en une fois. L'intifada fait encore rage dans le courant de l'été 2004 — les kamikazes réclament leur comptant de victimes régulièrement —, lorsque le successeur de Dominique de Villepin aux Affaires étrangères, Michel Barnier, se rend à Ramallah pour annoncer : «Je suis venu présenter les salutations cordiales du président de la République française en ces temps difficiles.» En octobre suivant, la maladie de Yasser Arafat cesse d'être un secret. Jacques Chirac envoie un avion gouvernemental français pour le ramener à Paris afin qu'il soit soigné dans un hôpital militaire. Il se rend ensuite à son chevet, non sans un maximum de publicité. Dès le lendemain, en une nouvelle illustration de son état d'esprit, il s'envole pour les Émirats arabes unis afin d'y saluer le nouveau président, Khalifa ben Zayed an-Nahyan, évitant ainsi un rendez-vous pourtant prévu avec le Premier ministre intérimaire irakien — et par là même tout signe susceptible d'être interprété comme un gage donné aux Américains.

Philippe Douste-Blazy, qui succède à Michel Barnier, marquera surtout l'histoire par sa compréhension des problèmes du Moyen-Orient, à l'image de sa connaissance de l'histoire de la Shoah : visitant le mémorial de Yad Vashem en 2005, il demande au directeur pourquoi le Royaume-Uni n'est pas évoqué au fil des salles rendant compte de l'extermination des Juifs. C'est que l'Allemagne nazie, comme le lui apprend alors le directeur du mémorial, n'a pas conquis les îles britanniques pendant la Seconde Guerre mondiale. La presse israélienne est dans les jours suivants partagée entre consternation et hilarité.

Lors de la mort de Yasser Arafat, Jacques Chirac organise une cérémonie officielle digne des obsèques d'un chef d'État, des soldats de l'armée française portent le cercueil jusqu'à l'avion qui doit le ramener à Ramallah. « Avec lui disparaît un homme de courage et de convictions », déclare les larmes aux yeux le président français. « Je suis venu m'incliner devant le président Arafat et lui rendre un hommage final. » Les autorités françaises feront établir un certificat de décès falsifié, faisant naître Yasser Arafat à Jérusalem, alors que chacun sait qu'il a vu le jour au Caire.

Les faits bruts, cependant, nous disent que Yasser Arafat laissait derrière lui un demi-siècle de violence, de meurtres mercenaires et de corruption — un homme qui plus que toute autre chose avait trahi son propre peuple. Disparaissait également celui qui avait su jouer si finement du narcissisme des dirigeants français, et les avait amenés à croire qu'ils pourraient un jour se présenter comme les arbitres du Moyen-Orient. Les espoirs suscités dans la diplomatie française par l'amitié avec Yasser Arafat n'avaient été qu'une répétition de ceux placés tout d'abord en Haj Amin al-Husseini puis en l'ayatollah Khomeyni — des espoirs illusoires et si obsessionnels qu'aucune expérience n'a suffi à les dissiper.

18

Les récalcitrants du Quai

Le Quai d'Orsay gère au début du XXIe siècle deux cent soixante-sept ambassades et consulats, soit huit postes de moins seulement que les États-Unis — un chiffre qui indique l'importance donnée à sa recherche d'une influence internationale, au Moyen-Orient en particulier. Comme le notent deux journalistes incisifs : « Outre le coût financier, cette présence a une conséquence néfaste : elle entretient l'illusion. En tout cas à Paris. Puisque la France est présente partout, c'est donc qu'elle doit être importante[124]... »

Pour exposer sa politique arabe et musulmane, le Quai d'Orsay passe traditionnellement par le journal *Le Monde*, courroie de transmission semi-officielle qui s'en défend naturellement à bon droit, tant les préjugés du Quai transparaissent dans d'autres journaux, comme *Le Canard enchaîné* avec les billets de son directeur Claude Angeli. L'AFP, troisième agence de presse mondiale et surtout première agence arabophone, est théoriquement indépendante mais le gouvernement la contrôle par un système de subvention sous forme d'abonnement, et par la composition de son conseil d'administration : le Premier ministre, le ministre des Affaires étrangères et le ministre des Finances sont représentés au conseil qui compte huit personnes. De plus, parmi les cinq administrateurs restant, deux doivent, selon une vague définition, « avoir représenté la France à l'étranger ». Le Quai d'Orsay est ainsi bien placé pour faire de l'AFP, selon l'expression de l'un de ses critiques, un « instrument stratégique ».

C'est l'AFP qui prépare l'opinion, par une déformation permanente des réalités du Moyen-Orient, à épouser la cause palestinienne et à pardonner tous les attentats. Les ripostes israéliennes sont présentées comme des agressions délibérées en tête des dépêches alors que les événements ayant suscité ces ripostes n'apparaissent que dans le texte. Le mot « terroriste » n'est jamais utilisé, au profit de « militant » ou « activiste », comme si les poseurs de bombes et les kamikazes étaient de simples membres de partis politiques ou de syndicats.

En 2000, le Premier ministre Lionel Jospin effectue une tournée au Moyen-Orient. Le Quai d'Orsay parvient à annoncer officiellement son voyage sans mentionner le nom de Jérusalem comme lieu de son entretien avec le Premier ministre israélien : la mention du nom de la ville est réservée à une rencontre avec un responsable palestinien.

Quand Lionel Jospin qualifie les actions du Hezbollah d'« actes terroristes » lors de sa visite à Ramallah, il est sauvé *in extremis* d'un lynchage par des étudiants palestiniens. Aussi incroyable que cela puisse paraître, les dépêches de l'AFP auront pour tonalité la justification de ses agresseurs.

Présentation tendancieuse des faits, omission de tout ce qui gêne, choix des créneaux horaires de diffusion des dépêches pour s'assurer que certains événements passeront inaperçus, déséquilibre des sources, citations tronquées, inversion presque systématique des rôles d'agresseur et de victime, «bourrage de crâne» opéré grâce à la sémantique... tels sont les défauts les plus visibles de l'AFP. Emportée dans son élan, l'agence a déclenché une crise israélo-palestinienne en annonçant mensongèrement en 1996 que les Israéliens avaient creusé un tunnel sous le mont du Temple où se trouvent des mosquées : quatre-vingts morts et aucun compte à rendre. Cet alignement sur la ligne du Quai d'Orsay mériterait un ouvrage à lui seul. Les journalistes français qui utilisent les dépêches de l'AFP en les croyant «objectives» pêchent par absence d'esprit critique, mais sont de parfaite bonne foi.

L'influence culturelle n'est pas non plus négligeable. Ainsi, le Quai d'Orsay et le ministre de la Culture ont-ils financé le film franco-égyptien *La Porte du soleil*, diffusé sur la chaîne de télévision Arte, dans lequel la guerre de 1948 entre Israël et les pays arabes n'apparaît que comme une succession de massacres de civils palestiniens commis par les Juifs. Le Quai d'Orsay assurera par la suite la promotion de cette fiction sur son site web. En octobre 2004, *Le Monde* se déchaîne pour célébrer le quatrième anniversaire de la seconde intifada, notamment sous la plume de l'ambassadeur Stéphane Hessel qui excipe de son passé de résistant et de ses origines juives pour dénoncer toute politique sécuritaire mettant les Israéliens à l'abri des attentats. Stéphane Hessel ne cache pas son admiration pour Paul-Marc Henry, l'ambassadeur de France à Beyrouth qui a tout fait pour rendre possible la domination du Liban par les brutales milices de l'OLP avant d'assurer le sauvetage de Yasser Arafat. Cette fois, Stéphane Hessel compare les terroristes palestiniens aux résistants français, comme si ces derniers avaient fait exploser des bombes au milieu de femmes et d'enfants...

C'est dans cette atmosphère délétère qu'Arte joue son rôle dans l'entreprise de désinformation :

7 octobre : diffusion de la première partie de *La Porte du soleil*;

8 octobre : diffusion de la seconde partie ;

11 octobre : rediffusion d'*Intervention divine*, film «palestinien[a]» plein d'humour où les Israéliens sont représentés comme des abrutis ridicules ;

13 octobre : documentaire *Ils ont tué Rabin*, tentant de démontrer que le meurtre a été ourdi par les hommes du Likoud, le parti d'Ariel Sharon et Benyamin Netanyahou ;

15 octobre : rediffusion nocturne de la première partie de *La Porte du soleil* pour ceux qui n'ont pas passé la soirée devant leur téléviseur la semaine précédente ;

16 octobre : rediffusion nocturne de la seconde partie.

S'il reste un téléspectateur qui n'est pas devenu viscéralement anti-israélien, c'est décidément qu'il n'a pas compris le message.

Le film *Jénine-Jénine*, destiné à faire croire que la ville palestinienne a été le lieu d'un massacre perpétré par l'armée israélienne en 2002, a eu bien sûr une place de choix sur Arte. L'indépendance de la chaîne la place au-dessous de tout soupçon, pourrait-on penser. Si ce n'est qu'Arte est un fruit de la diplomatie. Elle est l'objet d'un traité conclu

---

a. Ce film est en réalité israélien, de par sa production comme de par sa réalisation. Le réalisateur, Elia Suleiman, arabe israélien, est né à Nazareth.

entre la France et l'Allemagne et ne relève pas du contrôle et de l'autorité du Conseil supérieur de l'audiovisuel.

Lorsque, à la fin de 2002, le Premier ministre Jean-Pierre Raffarin a mis sur pied un groupe de travail destiné à penser la future chaîne française d'information internationale, son indépendance à venir a été clairement expliquée par le directeur de TF1 : « Si c'est pour faire une chaîne d'État qui est la voix de l'État français, c'est-à-dire une chaîne dirigée par le Quai d'Orsay et des journalistes de service public, ça fait quand même un peu Ceaucescu[125]. »

Manipuler le public est nécessaire. Manipuler les acteurs de la politique internationale est indispensable. Afin d'assurer un peu plus sa mainmise sur l'opinion informée, l'État finance la moitié du budget de l'Institut français des relations internationales, l'IFRI, peut-être le *think tank* le plus huppé dans le domaine des affaires étrangères.

On présente l'IFRI comme appartenant plutôt au « centre droit ». Son concurrent à gauche est l'IRIS, l'Institut de relations internationales et stratégiques, financé par le ministère des Affaires européennes. Deux anciens ministres des Affaires étrangères siègent à son conseil d'administration, Hubert Védrine et Michel Barnier, auxquels il convient d'ajouter Luc Debieuvre, ancien directeur général de la succursale de Paris de la Banque nationale du Qatar, pour qui « la politique américaine au Moyen-Orient est faite en Israël, pas à Washington[126] ».

Le directeur de l'IRIS et conseiller du Parti socialiste, Pascal Boniface, causa un scandale en 2000 en écrivant dans une note à la direction du PS qu'une politique équilibrée au Moyen-Orient de la part de la France serait vécue comme une injustice par «la communauté arabo-musulmane». Les Juifs qui soutiennent Israël, ajoutait-il de façon menaçante, s'isolent outre mesure. Conseiller du Parti socialiste, Pascal Boniface suggérait également d'aligner l'intégralité de la politique étrangère du parti sur la satisfaction des intérêts arabes afin de se concilier l'électorat musulman en France. Pour sa défense, il affirma n'exprimer que la politique officielle. La devise de l'IFRI n'est-elle pas «L'expertise stratégique en toute indépendance»?

Ayant à peu près verrouillé l'opinion publique et le monde de la réflexion stratégique — à l'exception de la Fondation pour la recherche stratégique justement, qui est probablement le seul lieu où s'expriment de vraies analyses indépendantes en France — le Quai d'Orsay a les mains libres pour mener sa politique au jour le jour, quels que soient les ministres. Quand les Israéliens se conduisent bien, il faut les éviter. Ainsi vers la fin des guerres en ex-Yougoslavie lorsque Israël offrit asile à un millier de musulmans bosniaques, le Quai refusa purement et simplement de participer à l'opération par crainte de «promouvoir la propagande israélienne». Les Israéliens, dénoncés comme des tueurs d'enfants lors de la répression des mouvements de foule palestinienne, veulent-ils éviter de faire des victimes? Le Quai d'Orsay s'oppose dès 1988 à la vente de matériel anti-émeute à Israël afin de s'assurer que ses soldats ne disposent que d'armes de guerre pour faire le travail et entretenir les bavures.

En matière d'attentats, le principe de la condamnation à sens unique prévaut jusqu'au début du XXIe siècle : quand les Israéliens lancent une opération de représailles, qu'elle s'achève avec succès par l'élimination d'un terroriste ou qu'elle échoue avec des victimes imprévues, la France condamne. Quand en revanche les Israéliens sont frappés directement, la France les condamne encore, pour avoir poussé les Palestiniens à une telle extrémité.

En juillet 2001, c'est un extrémiste juif qui tue trois membres d'une famille palestinienne. Le Quai d'Orsay est déchaîné : «La France a qualifié d'acte terroriste et barbare l'attentat. Nous condamnons avec la plus grande fermeté cet acte terroriste. Ceux qui agissent par la terreur, s'en prennent à des civils innocents, doivent être poursuivis avec une détermination sans faille et traduits devant la justice.» Comment ne pas être d'accord mot à mot avec ce texte ? Si ce n'est que le 3 juin précédent, après l'attentat contre une discothèque israélienne qui fait vingt-trois morts civils non moins innocents, Hubert Védrine a réagi en souhaitant simplement «que les responsables palestiniens et israéliens obtiennent et mettent en œuvre un cessez-le-feu effectif et engagent enfin un vrai dialogue politique». Pas de qualification de «terroriste» ou de «barbare», pas de «ferme condamnation», pas un mot sur l'attentat, pas d'appel à la justice ni de poursuites à engager, pas même de réaction d'horreur face au crime. Au contraire, en appelant à un cessez-le-feu des deux parties alors que seule l'une d'entre elles l'enfreint, le ministre français réussit à faire peser la moitié de la responsabilité du massacre sur les Israéliens…

Au lendemain du 11 septembre 2001, l'ambassadeur en Israël Jacques Huntzinger choquera toutes les victimes du terrorisme en expliquant qu'il ne faut pas comparer celui qui frappe Israël et celui qui vient de frapper les États-

Unis. Face aux bombes, le message est clair : il y a différentes catégories de victimes. Alors que le terrorisme atteint son paroxysme en Israël, Hubert Védrine prépare d'ailleurs des sanctions économiques contre l'État hébreu qu'il voudrait proposer aux autres pays européens[127].

La même complaisance se retrouve à propos du Hezbollah évidemment. Le Quai fait tout pour freiner l'interdiction en France de la diffusion de la chaîne télévisée du Hezbollah, Al-Manar, laquelle répand ouvertement l'antisémitisme grâce à un satellite français.

En 2000, dès le départ des troupes israéliennes de Naplouse, les Palestiniens se précipitent pour brûler le tombeau de Joseph et le transformer en mosquée, tuant à l'occasion le rabbin local qui tente de sauver quelques objets religieux. Silence du Quai d'Orsay. Lorsque les Israéliens décident d'intégrer le tombeau de Rachel au sein des limites sécuritaires de Jérusalem, en 2002, le même Quai critique les mesures prises pour protéger le site, cible permanente des jeteurs de pierres.

Plus grave, sur le fond, l'état d'esprit est tel que la machine diplomatique continue parfois à s'emballer sans instructions. Toujours sous le ministère Védrine, en avril 2002, la France vote à la commission des droits de l'homme de l'Onu une résolution condamnant l'État juif pour « tueries massives ». L'Allemagne, l'Italie et le Royaume-Uni n'ont évidemment pas soutenu le texte proposé par l'Organisation de la conférence islamique tant il est absurde. Même Bernard Kessedjian, devenu ambassadeur de France auprès des Nations unies à Genève, reconnaît n'avoir pas apprécié ce texte et y avoir noté des erreurs factuelles... avant de le voter. Pour le Quai d'Orsay, c'est une bourde diplomatique. Il n'y a pas de raison de ne pas le croire. Mais elle n'a pu être rendue possible que par une idéologie nauséabonde qui ne finit pas de se survivre.

On retrouve cette idéologie de la base au sommet de la hiérarchie du Quai. Comme le dit avec fierté le diplomate passé aux affaires Éric Desmarest, ancien directeur de cabinet du ministre des Affaires étrangères Jean-Bernard Raimond : «Je suis tellement attaché à la cause palestinienne qu'il m'arrive de rêver que j'étais combattant palestinien[128].» C'est avec ce sens de l'objectivité qu'une grande politique étrangère se prépare. Qu'un diplomate ait des rêves de meurtre de femmes et d'enfants, passe encore. De bons psychanalystes sont toujours disponibles. Mais qu'il l'annonce publiquement révèle un véritable problème politique.

De la même manière, Sophie Pommier, chargée au ministère du suivi des négociations israélo-palestiniennes, ne cachait rien de son engagement émotionnel : des portraits de Yasser Arafat ornaient les murs de son bureau. On a du mal à imaginer dans une autre division que la «rue arabe» du Quai d'Orsay — c'est ainsi que l'on nomme la direction d'Afrique du Nord et du Moyen-Orient — une telle prise de position publique tolérée par la hiérarchie. On a encore plus de mal à imaginer sur les mêmes murs des portraits de dirigeants israéliens.

Le consulat général à Jérusalem est de fait l'ambassade de France auprès de l'Autorité palestinienne et n'a aucune relation avec le gouvernement israélien. Stanislas de Laboulaye, consul général, qui cultive des liens tant avec le Hamas qu'avec l'OLP, peut même déclarer en 1997 sans craindre le moindre blâme administratif qu'il n'est pas « le consul de France à Jérusalem mais l'ambassadeur de France en Palestine ».

Le 14-Juillet y est toujours l'occasion de valoriser le nationalisme palestinien, quitte à réaliser une très républicaine ségrégation en n'invitant à la réception du consul que des membres de la population arabe de Jérusalem, mais jamais des membres de la population juive. En 1999, le groupe français Baobab y chante contre Israël et contre le pape. Lorsque le chanteur du groupe conclut son spectacle par un appel « au boycott d'Israël qui assassine les Palestiniens », le consul se garde bien de réagir.

Le consulat finance régulièrement des activités culturelles destinées à promouvoir le nationalisme palestinien. Il va jusqu'à investir en France même pour mener à bien sa mission. C'est ainsi qu'il subventionne un CD-Rom sur la Palestine conçu à l'université de Bordeaux III, selon lequel la Palestine, en tant que concept, existe depuis au moins six siècles avant l'ère chrétienne, est arabe et se trouve dotée d'une démocratie parlementaire présidée par Yasser Arafat. Le ridicule ne serait pas tragique s'il ne s'agissait pas de l'argent des contribuables. Le trésorier du consulat peut dormir tranquille : pour bien rappeler qu'il n'est pas en Israël, il refuse de payer les taxes municipales.

Après tout, Jérusalem est-elle vraiment en Israël ? La France ne reconnaît pas la capitale d'Israël, comme la plupart des pays du monde. Excédé par l'expression « autorités de Tel-Aviv », Menahem Begin s'est un jour écrié : « Eh bien, dorénavant nous allons répondre à Vichy[129] ! »

Le Quai d'Orsay est bien la seule chancellerie d'une démocratie pluraliste à considérer Jérusalem comme la capitale exclusive de la Palestine ! Sur le site web du Quai d'Orsay, à la rubrique «conseils aux voyageurs», Jérusalem est longtemps restée dans les territoires palestiniens. Le site officiel du consulat était à l'unisson pour sortir Jérusalem de la carte d'Israël, même sa moitié occidentale. Sur le site du Quai, on peut apprendre que le seul événement d'importance au Moyen-Orient entre la résolution de l'Onu de 1947 et la proclamation de l'État d'Israël est le massacre de Deir Yassin, que cette proclamation était unilatérale — comme si le vote de l'Onu n'avait pas eu lieu —, qu'Israël a délibérément attaqué les pays arabes en 1967... Brillent par leur absence le triple non du sommet arabe de Khartoum en 1967 — non à la paix avec Israël, non à la reconnaissance d'Israël, non à toute négociation avec Israël — et l'objectif de destruction de l'État d'Israël annoncé dans la charte de l'OLP. Quant au terrorisme, le mot n'apparaît que pour enseigner que l'OLP le condamne en 1988. On ne peut mieux réécrire l'histoire façon «Quai d'Orsay».

Et il y a les petites tracasseries quotidiennes. Les consulats français ont pour instruction de ne pas reconnaître les mariages prononcés par des rabbins de Cisjordanie, car ce serait une forme de reconnaissance de l'implantation juive dans la région. On ne pourrait donc pas être juif au-delà de l'ancienne ligne d'armistice de 1949, ce qui conforte la position d'une Palestine sans Juifs défendue par les Palestiniens lorsqu'ils ne prônent pas l'option de l'État binational.

Non seulement le Quai d'Orsay ne supporte pas que Jérusalem soit en Israël, mais il ne supporte pas que des

Israéliens soient francophones. En 2002, un demi-million d'Israéliens parle couramment français et au moins autant le pratiquent, soit 16 % de la population du pays. Le sommet de la francophonie se tient cette année-là à Beyrouth. Le message politique est clair pour la France : il s'agit, derrière le paravent de l'amitié séculaire franco-libanaise, de cautionner la mainmise de la Syrie sur le pays et la soumission de la minorité chrétienne à la majorité musulmane. Les francophones israéliens ne sauraient être de la fête puisque, officiellement, le Liban est toujours en guerre avec Israël. En outre Israël n'a pas demandé à participer à l'Organisation internationale de la francophonie. Tandis que la France déploie une énergie démesurée à renforcer la francophonie à travers le monde en allant débusquer tous les francophones possibles, les Israéliens sont savamment évités.

Cette année-là, un journaliste venu couvrir le sommet dispose de la double nationalité française et israélienne ; on le découvre et il doit s'enfuir précipitamment pour éviter le lynchage. Lors du point presse, le porte-parole du Quai d'Orsay, interrogé au sujet de l'incident, analyse subtilement le problème : « L'incident est clos. » Le Quai d'Orsay sacrifie volontiers les droits du citoyen français. Le président Chirac pourra siéger aux côtés du cheikh Nasrallah, on l'a dit. Comme le remarque le journal québécois *Le Devoir*, le 16 octobre : « L'exclusion d'Israël de la francophonie est une incongruité. »

Les Israéliens irritent les Français, surtout lorsqu'ils sont en plus français. Certains Israéliens n'ont jamais cru au tournant des années 80-90 qui a mis fin à l'esprit des années Pompidou et Giscard. D'autres n'arrivent pas à surmonter cette masse de vexations. Ils sont écorchés vifs. La recrudescence dramatique des actes antisémites en France, à partir de la fin 2000, suscite une exaspération d'autant plus profonde en Israël que les autorités françaises mettront un peu plus d'un an à accepter la réalité des faits. Alors que les journaux du monde entier font état des actes de violence et de vandalisme qui frappent les Juifs de France, l'AFP et les grands organes de presse français partagent le silence des politiques. Pour la plupart des Juifs, c'est un silence complice. La tâche est dure pour les ambassadeurs de France en Israël, même les mieux disposés.

En novembre 2002, après le sommet de la francophonie au Liban, les parents de trois soldats israéliens capturés par le Hezbollah viennent demander à Jacques Huntzinger, ambassadeur de France en Israël, d'intervenir au nom de cet apparent rapprochement entre Jacques Chirac et Hassan Nasrallah. L'ambassadeur frappe du poing sur la table et quitte la pièce. Par leurs attentes irréalistes, les Juifs savent indisposer ceux qui leur sont le plus favorables. Jacques Huntzinger en est, lui qui deviendra membre de l'Association citoyenne pour le Proche-Orient dont l'ambition est de favoriser le resserrement des liens entre la France et Israël et d'encourager les forces démocratiques dans le futur État palestinien.

Gérard Araud, son successeur, aime Israël mais n'apprécie pas la politique à la hussarde d'Ariel Sharon. Pour lui, le Premier ministre israélien est un «voyou» — formule prononcée évidemment lors d'un entretien privé et non à l'occasion d'une interview. Étrange monde où Yasser Arafat, qui a fait carrière dans l'OLP par le meurtre de ses opposants, qui a conquis sa notoriété internationale par des détournements d'avions et des attentats, et qui a bâti sa fortune sur la spoliation des Palestiniens et le détournement des aides internationales, conserve une impeccable honorabilité au fil des ans tandis que son ennemi israélien devient un voyou...

En décembre 2004, Gérard Araud déclare que «les Israéliens souffrent d'une névrose, un véritable trouble mental qui les rend antifrançais». Peut-être a-t-il raison. On pourrait presque étendre cette remarque à tous les Juifs. Encore faudrait-il se demander quelle est la cause de la maladie. Les symptômes disparaîtront avec l'ambassadeur Brochant, le premier à rendre visite à l'association France-Israël avant de prendre son poste à Tel-Aviv, et son successeur Jean-Michel Casa, qui y inaugure l'Institut français.

Quelques années plus tôt, François Bujon de l'Estang, ambassadeur de France à Washington, a annulé un rendez-vous avec des groupes chrétiens et juifs américains pour éviter de répondre aux questions concernant un éventuel antisémitisme en France, à l'époque où les Juifs américains croyaient sincèrement que la France ne luttait pas contre l'antisémitisme. En 2002, son successeur, Jean-David Lévitte, un ambassadeur juif dont la droiture est assez étrangère aux tortuosités du monde arabo-islamique, sera l'acteur clé d'une franche explication et de la nécessaire réconciliation.

Que pensent vraiment les élites diplomatiques? À la fin décembre 2001, la France cherche à conjuguer son «réalisme» pro-arabe, dont Hubert Védrine est alors le champion, avec le sentiment de solidarité qui traverse toutes les démocraties occidentales envers les États-Unis, frappés le 11 septembre. Il est difficile de juger des conséquences de l'événement sur l'antisémitisme qui relève la tête en Europe, et en France tout particulièrement, depuis un an. Lors d'un dîner privé à Londres, l'épouse de Conrad Black, le magnat de la presse, interroge l'ambassadeur de France, Daniel Bernard, sur ces sujets. Daniel Bernard a été porte-parole du Quai d'Orsay et directeur de cabinet de Roland Dumas; on ne saurait dire que c'est un homme qui ignore le poids des mots. Il est parfaitement dans la ligne Védrine lorsqu'il répond : «Israël est un petit pays de merde... Pourquoi risquerions-nous une Troisième Guerre mondiale à cause de ces gens?» Indélicate, l'hôtesse rapportera les propos et un scandale éclatera. Loin de s'offusquer, *Le Monde* titrera «L'ambassadeur de France à Londres, dernière victime de l'indiscrète lady Black». Ni les Britanniques ni les Israéliens ne demanderont d'excuses. Le Quai d'Orsay fera corps derrière son ambassadeur, aussitôt choisi pour remettre la Légion d'honneur à son collègue de La Haye. Le pauvre Daniel Bernard est pratiquement perçu comme la victime de la presse anglo-saxonne vendue aux sionistes.

Malgré la politique étrangère de l'*establishment* — avec sa détermination à agir et parler comme si l'intérêt national exigeait de se ranger du côté des musulmans du Moyen-Orient quel que soit le débat et quels que soient leurs préjugés —, l'opinion publique française circonspecte sur la question d'une «France musulmane» a dans l'ensemble conservé une certaine sympathie pour Israël et les Juifs en général.

Dans la machine diplomatique française seuls quelques individus isolés sont parvenus à briser les chaînes conceptuelles qui liaient leurs collègues. Ambassadeur en Israël durant la majeure partie des années 50, Pierre-Eugène

Gilbert, comme nous l'avons vu, a joué un rôle important dans l'acheminement à cette époque des armes françaises vers l'État juif. Sa présence très remarquée aux côtés de David Ben Gourion sur la piste d'atterrissage qui accueillait les nouveaux avions Mystère livrés par la France avait été à l'époque interprétée, non sans raison, comme un geste de solidarité. Ouvertement et exceptionnellement prosioniste, il trouva aussi le courage de résister au général de Gaulle. L'un des premiers gestes de Maurice Couve de Murville après sa nomination au poste de Premier ministre fut de se débarrasser de lui. Aujourd'hui, une place de Tel-Aviv porte le nom de Pierre-Eugène Gilbert.

Son successeur, Jean Bourdeillette, ambassadeur de 1959 à 1965, ne fut pas moins prosioniste. Lors d'une rencontre avec le général de Gaulle quelques jours avant sa nomination, Jean Bourdeillette se battit avec succès pour obtenir l'application d'un accord de coopération culturelle entre la France et Israël resté lettre morte depuis sa signature quelque temps plus tôt. Ses Mémoires, *Pour Israël*, en soi un hymne à l'indépendance d'esprit malgré un titre si partial à nos yeux aujourd'hui, contiennent même un chapitre de louanges à l'égard de l'armée israélienne dont les soldats se distinguent, écrit-il, par «leur détermination, leur calme courage et leur résignation stoïque» et les généraux par leur modestie et leur manque de militarisme. À Paris, «Israël est sacrifié aux exigences de deux politiques qui sont liées, l'une antiaméricaine, l'autre pro-arabe». Pour Jean Bourdeillette, l'attitude hostile des élites françaises vis-à-vis d'Israël n'est rien moins que «notre affaire Dreyfus». C'est assez pour le discréditer définitivement aux yeux de ses collègues.

Dans son autobiographie, *Vu du Quai*, Henri Froment-Meurice décrit avec fierté sa promotion au quatrième étage du ministère, d'où la vue sur Paris était «sublime». Sa grand-mère et sa sœur, née Ullmann à Francfort, ont été sauvées des Allemands pendant la guerre en raison écrit-il du certificat attestant le baptême de leur père par l'Église catholique. Henri Froment-Meurice connaît bien l'Égypte et en 1964 c'est à lui que l'on confia de rouvrir et diriger l'ambassade du Caire, jusqu'à l'arrivée de Jacques Roux — après quoi les deux hommes se partagèrent les responsabilités. Ses instructions étaient de ne sacrifier ni Israël aux Arabes, ni les Arabes à Israël. Il aimait le pays et s'y fit des relations amicales mais le Quai d'Orsay comme l'Élysée étaient avant tout soucieux du rôle de l'Égypte dans le conflit du Moyen-Orient. À son grand dépit, cette posture relativement bénigne fut mise à rude épreuve lors de la crise de 1967 où le général de Gaulle reçut, selon le commentaire désabusé qu'il fit alors, «les applaudissements des Arabes, des Soviétiques et de tous les propalestiniens de France et d'ailleurs». À propos de la fameuse phrase sur les «Juifs dominateurs», poursuit Henri Froment-Meurice, «était-il juste de condamner ce petit peuple qui, après avoir échappé aux fours crématoires, luttait pour sa survie? Le "dominateur et sûr de soi" me fit mal[130]».

En avril 1979, visitant Israël, il est frappé par la vulnérabilité du pays dans une région en proie à la violence et à la terreur — un sentiment d'autant plus pénible étant donné la froideur avec laquelle son gouvernement réagit au traité de paix tout juste signé entre Jérusalem et Le Caire. Il se demande, dans une réflexion critique introspective à mille lieues des habitudes du Quai d'Orsay, « si la France est soudain devenue aveugle et sourde, ou si l'idée qu'elle se fait de ses intérêts l'amène à leur sacrifier la paix, ou si l'orgueil est tel que la déception, l'irritation de ne pas avoir été associée à l'action diplomatique l'emportent sur la sobriété du jugement ». Telles sont les réflexions d'un diplomate presque uniquement soucieux de rendre justice aux Arabes et aux Israéliens avec équité.

Un autre diplomate sortant de l'ordinaire est Alain Pierret, ambassadeur en Israël entre 1986 et 1991. Il faut reconnaître que ce n'est pas un homme de la Carrière. Il est entré tardivement aux Affaires étrangères depuis l'administration de l'Outre-mer. Précédemment en poste à Moscou, il s'est intéressé au traité d'Helsinki et en particulier aux *refuzniks*, les Juifs candidats à l'immigration auxquels l'URSS refuse d'accorder un visa de sortie tout en les tenant à l'écart de la société et dont l'oppression ne hante pas les nuits des diplomates du Quai d'Orsay. Durant les six années où il est en poste à Tel-Aviv, comme il le note dans ses Mémoires, le ministère attend de lui qu'il fasse pression sur le gouvernement israélien afin d'obtenir sa participation à une conférence internationale : la France ne peut accepter de se voir exclue du processus de paix. Il parle de « l'israélophobie qui prévaut dans certains cercles parisiens », et lors de la visite officielle de Yasser Arafat à Paris en 1989, écrit à son collègue Patrick Leclercq qui s'apprête à prendre la tête de la direction d'Afrique du Nord et du Moyen-Orient : « C'est une chose d'avoir une politique philo-arabe, parfaitement compréhensible et justifiée, c'en est une autre de pratiquer une sorte d'antisionisme rampant qui nous interdit de jouer ce rôle auquel nous prétendons légitimement. Les Israéliens ne sont pas dupes. Et la faute d'avoir reçu Arafat le 2 mai n'a rien arrangé[131].» Dans un article publié par *Libération* le 26 octobre 2000, il en viendra au jugement plus lapidaire encore selon lequel la France a choisi le camp palestinien quel qu'en soit le coût — l'admettre ne serait que franchise : «Laissons là l'hypocrisie et les mensonges qui durant trop longtemps ont guidé notre politique au Proche-Orient.»

François Hollande, s'exprimant au nom du Parti socialiste, fit preuve de clarté d'esprit lorsqu'il suggéra que la politique étrangère de la France soit davantage contrôlée par l'Assemblée nationale : «Il y a une tendance qui remonte à loin, ce que l'on appelle la politique arabe de la France, et il n'est pas admissible pour une administration d'avoir une idéologie.»

Conclusion

La France du XXIe siècle n'a ni les ressources ni l'influence suffisantes pour évincer les États-Unis, contrôler le monde arabe, créer un État palestinien ou mettre fin à l'anomalie que représente pour beaucoup Israël. L'intimité de ses relations avec les tyrannies moyen-orientales a même fini par diminuer son autorité politique et, plus grave encore, son autorité morale. Du fait de ses fantasmes diplomatiques, la France a perdu dans la région ce qui pouvait lui rester de rayonnement. Mais elle est la seule à ne pas l'avoir compris.

Elle n'en continue donc pas moins d'agir au mépris de la réalité, comme s'il lui était possible de poursuivre sans changements les mêmes buts politiques. Chacune de ses décisions trahit une même attitude fermée à la logique des événements. Certes, ramené à l'échelle internationale, l'essentiel de la politique française se réduit à peu de chose, mais ce peu de chose produit encore sur le terrain ses effets nocifs, tout en précipitant la dégradation de l'image du pays. La liste est si détaillée et si officielle que ceux qui la mettent en œuvre semblent les représentants d'une culture particulière, parfaitement conscients de la logique qu'ils dessinent, comme si les fantômes des Ratti-Menton, de Caix, Massignon et Neuville gardaient encore aujourd'hui leurs successeurs sous leur coupe. C'est pourquoi l'ensemble des faits, des phrases, des prises de position, des Mémoires et des souvenirs que nous venons de rapporter ne saurait être une simple suite de pures coïncidences.

C'est pourtant la position du Quai d'Orsay quand on lui fait part de cette liste : il ne s'agit que de coïncidences.

Il ne viendrait pas à l'esprit de Bernard Destremeau d'être antisémite. Ce diplomate s'offusque même à l'idée qu'il puisse y avoir un *lobby* arabe au Quai d'Orsay. Il égrène au fil de ses Mémoires toutes les injustices dont les Israéliens sont victimes dans les années 70 tandis que les intérêts arabes sont systématiquement flattés. Face à la conviction croissante des Israéliens que la France a choisi le camp des partisans de la liquidation d'Israël, il conclut avec dépit : « Comment s'étonner que les soupçons de Tel-Aviv ne cessent de croître[132] ? » Comment s'en étonner encore jusqu'en 2003 au moins ?

Prendre les diplomates français pour des antisémites par culture serait une simplification abusive. Mis à part le pourcentage incompressible d'antisémites propre à toutes les sociétés occidentales, ils ne sont absolument pas plus antisémites que d'autres — surtout que d'autres diplomates. Certes, dans la première moitié du XXᵉ siècle, nombre d'entre eux incarnent un antisémitisme sociopolitique classique. S'il est toujours possible d'y voir une faute morale, nul n'a à ce jour accepté d'y voir la faute politique qui leur a interdit de comprendre les Juifs. Ils ont occasionnellement haï les Juifs pour ce qu'ils étaient. Ils ne les supportent pas dès lors qu'ils prennent leur destin en main, échappant ainsi à l'harmonie du monde que la diplomatie française a décidé pour eux. Expliquer ensuite la politique arabe de la France à la fin du xxᵉ siècle par l'antisémitisme des diplomates français est la conclusion à surtout ne pas tirer de cette étude d'un siècle de préjugés. Malheureusement, c'est souvent celle à laquelle aboutissent les Israéliens et, à travers le monde, les Juifs à la fois mal informés et portés à défendre Israël et ses travers plus passionnément que les Israéliens eux-mêmes. D'une certaine manière, on pourrait affirmer qu'il n'y a pas d'exception française en termes d'antijudaïsme diplomatique puisque l'on retrouve le même phénomène au Royaume-Uni et aux États-Unis. Il y a en revanche une particularité française qui dépasse de loin les impératifs de la géopolitique méditerranéenne.

Une politique spécifique de la France en direction du monde arabe est nécessaire et l'a toujours été. À l'époque de l'empire colonial, la France gouvernait des millions d'Arabes sous différents régimes juridiques, rêvait d'en compter davantage sous sa domination et lorgnait sur la Palestine confiée aux Britanniques. Au lendemain de la guerre, il a fallu gérer la disparition de l'empire et passer de la colonisation à la coopération. Dans les années 70, l'objectif est devenu de payer le pétrole moins cher et d'attirer les pétrodollars. Le plus étonnant dans cette évolution est que la politique de grandeur coloniale se soit recyclée en termes de «politique arabe de la France».

Dans cette politique, les Israéliens n'ont jamais eu leur place, tout simplement parce qu'ils ont toujours été perçus comme un obstacle sur la voie de la réalisation de l'empire, qu'il soit colonial ou idéologique — car le rêve de l'influence française dans le monde arabe est un rêve d'empire. Mais c'est surtout un rêve dans lequel vit une certaine élite politique française, flattée par le Quai d'Orsay. Son humiliation permanente vis-à-vis des dictatures et des terroristes du monde islamique, son alignement sur leurs diktats économiques et politiques, la satisfaction de leurs exigences n'ont pas permis de le réaliser. La « politique arabe de la France » n'a jamais conduit à la signature de contrats plus avantageux que n'en ont décroché les Allemands, les Britanniques ou les Néerlandais, sans compter les Américains qui n'ont pas de « politique arabe » mais une simple stratégie destinée à favoriser ponctuellement leurs intérêts.

Pourquoi cet échec dans lequel la diplomatie française persévère depuis des décennies ? On peut avancer plusieurs raisons qui se complètent plutôt qu'elles ne s'excluent.

Tout d'abord, n'oublions jamais que la « politique arabe de la France » semble avoir été la politique arabe de quelques Français bien placés… Les historiens ont découvert après la Seconde Guerre mondiale l'influence qu'ont eue l'Italie fasciste et l'Allemagne nazie en France grâce à la généreuse distribution de subsides. Espérons que les historiens du XXIe siècle ne feront pas un jour d'aussi sinistres découvertes pour expliquer la « politique arabe de la France ».

Ensuite, les Arabes sont des gens fiers qui méprisent ceux qui s'humilient. Ils ont plus d'estime pour un Max Van Der Stoel que pour un Michel Jobert. Un diplomate français m'expliquait un jour cette fascination du Quai d'Orsay pour les dictatures du Maghreb et du Machrek : les Arabes savent comment « prendre » les diplomates français. Ils les reçoivent comme des princes et flattent leur orgueil. De retour à Paris, les diplomates sont bouffis de leur importance et épousent la cause de ceux qui leur ont renvoyé l'image dont ils rêvent. Combien de fois les Arabes ont-ils répété à quel point la France a su les comprendre, à la différence des autres Occidentaux? Mais nous sommes toujours dans le domaine de l'immatériel. Ce rêve permet de camoufler aux yeux des diplomates français le recul permanent de la France en matière de grands marchés dans le monde arabo-musulman. Et plus ce recul s'approfondit, plus ces diplomates renchérissent dans leur complaisance envers ceux qui les flattent, les remercient pour leur compréhension, les roulent et signent des contrats ailleurs.

Enfin, l'État juif, dès sa naissance, est devenu l'obstacle sur la voie de l'osmose imaginaire entre les intérêts français et les intérêts du monde arabe, cette Eurabie qui fait toujours rêver. Une politique de soutien à la démocratie israélienne, telle qu'elle a été le plus souvent adoptée par les Allemands ou les Néerlandais, ne les a jamais desservis économiquement. Les États qui n'ont pas adopté de «politique arabe» n'ont jamais manqué de critiquer les actions d'Israël en tant qu'État lorsqu'elles leur paraissaient mériter la critique. Dénoncer les erreurs stratégiques ou les fautes morales de l'État d'Israël n'implique nullement d'entretenir à haute voix la nostalgie du temps où il n'existait pas. La critique d'Israël est nécessaire car la critique est la source du progrès et, dans la région, peut-être de la paix.

On n'imagine guère la théorie de la parenthèse exprimée dans d'autres pays européens. Ce que le Quai d'Orsay reproche continûment à Israël et à tous ceux qui soutiennent le droit de cet État à persévérer dans son existence, ce n'est pas de s'opposer aux intérêts français, c'est de lui interdire de vivre son rêve politique d'un monde arabe uni ouvert à l'influence française. Une vraie politique d'équilibre passerait donc tout simplement par la prise en compte de la réalité, qui échappe largement à la culture diplomatique française. Car son réalisme profondément cynique et finalement pessimiste consiste à toujours choisir les pires monstres et rêver d'en faire ses alliés — Haj Amin al-Husseini, Ruhollah Khomeyni, Yasser Arafat, Saddam Hussein. Pourquoi ne pas tenter par un discours ferme et constructif d'apprendre aux pays arabo-musulmans à se conduire décemment dans le concert des nations?

Vient ensuite le domaine des principes. Les Juifs sont les seuls à avoir bâti une démocratie pluraliste au Moyen-Orient et cette démocratie offense l'uniformité dictatoriale de la région, donc trouble l'harmonie géopolitique. D'où la dénonciation systématique d'Israël et la vision systématiquement angélique des Palestiniens. La «morale» qu'évoquait jadis Henri Froment-Meurice n'a pas cours au Quai d'Orsay. Son discours officiel consiste à dire que les deux peuples — Juifs et Arabes — doivent se partager une terre. Sa pratique consiste à favoriser systématiquement ceux qui souhaitent la liquidation de l'État d'Israël, militairement ou démographiquement, pour permettre aux Palestiniens d'établir leur État sur toute l'ancienne Palestine.

Israël est une parenthèse, parce que c'est une anomalie. Anomalie géographique tout d'abord, «hétérogène vis-à-vis de tout ce qui l'entoure», selon l'expression de Jean Chauvel. Fiché dans le flanc du Machrek, l'État juif brise l'harmonie arabe de la région. Anomalie historique, ensuite, l'histoire ayant remis toute la région entre les mains des musulmans. Il est en effet inacceptable que les Juifs réussissent là où les royaumes chrétiens ont échoué. Plus profondément, le Quai d'Orsay défend toujours le droit de tous les peuples à se doter d'un État — tous sauf les Juifs. Un État juif est une anomalie politique parce que les Juifs ne formant pas un peuple, ils n'ont pas à avoir un État.

Il y a deux explications possibles à cette discrimination qu'illustrent les textes que nous venons d'étudier. Soit les diplomates français sont à ce point pétris de républicanisme qu'ils dénient aux Juifs une identité de peuple et ne les reconnaissent que comme croyants d'une religion compatible avec les nationalités des pays où ils résident. Ce serait une négation républicaine du message biblique traduite dans l'accusation de double appartenance, parce que les Français ne comprennent pas la notion de peuple, qui n'est ni nation ni religion. Soit ces mêmes diplomates n'arrivent pas à se déprendre d'une idéologie chrétienne, à la fois augustinienne et très « vieille France », dans laquelle le Juif est destiné à rester « errant ». Dans ce cas, Israël en tant qu'État est une anomalie théologique d'une importance bien plus grande que l'anomalie géographique, historique ou politique. On comprend mal l'obsession d'une France républicaine pour la protection des Lieux saints si on élimine cette approche d'un revers de manche. On comprend encore plus mal d'ailleurs l'abandon par la France des chrétiens du Liban aux mains du Hezbollah et son silence sur la persécution des chrétiens dans les territoires palestiniens sous l'autorité de Yasser Arafat et de son successeur.

Cette problématique religieuse, toujours négligée par les études sur le sujet parce qu'elle n'entre pas dans les cadres rationnels d'explication classique, n'est pas sans importance. Louis Massignon est ainsi le chaînon manquant entre toutes les raisons de délégitimer le projet sioniste : raisons géopolitiques, historiques et religieuses. Israël, œuvre du peuple juif en Palestine, c'est «l'État sans messie» soutenu par «l'immonde technique yankee», c'est la négation de la promesse chrétienne selon laquelle le Juif resterait errant, c'est l'invitation à l'Amérique de court-circuiter l'Europe, c'est l'interdiction pour les deux valeurs de l'Orient, la Vierge chrétienne et la nation islamique (l'*oumma*), de se réconcilier, comme l'explique Vincent Mansour Monteil[133]. «Massignon, ses semblables et ses héritiers spirituels ont donc été expulsés de leur territoire fantasmé[134]», écrit justement Martine Gozlan. Au nombre de ces héritiers malheureux, il y a le Quai d'Orsay, qui a toujours défendu l'idée de la fusion d'Israël, c'est-à-dire sa disparition, dans son environnement régional.

Le problème des diplomates français, c'est l'orgueil, la conviction que le monde doit se plier à l'ordre qu'ils veulent lui assigner. Les Arabes, avec des moyens financiers titanesques, ont vite compris qu'il fallait donner à ces Français risibles l'impression qu'ils jouaient leur jeu. Ils ont su les séduire. Les Juifs, au contraire, sont particulièrement peu doués en termes de séduction et Israël n'a pas de pétrole. Ils se sont donc rebellés contre cet ordre.

Le Quai d'Orsay n'a jamais cessé de préférer son ordre du monde imaginaire à la réalité, et son confort intellectuel à la remise en cause de ses préjugés. On a vu les résultats dans les Balkans et au Rwanda dans les années 90 : des centaines de milliers de morts...

Certes, les diplomates ne sont plus les décideurs de la

diplomatie. Pour des raisons très différentes, surtout au cours de la IVe et de la Ve République, les diplomates n'ont pas eu les mains libres pour mener la politique étrangère de leurs vœux. Croire qu'ils n'ont pas joué un rôle de premier plan serait toutefois une erreur. C'est souvent sur le fondement de leurs dépêches et de leurs télégrammes que les décisions ont été prises. Ensuite, c'est à eux de mettre en œuvre les politiques décidées par le gouvernement — et on a vu à quel point ils savaient accélérer ou ralentir les politiques selon leurs préférences.

Pour ces hommes, le but à atteindre a toujours été la constitution d'un vaste bloc euro-arabe sous la houlette de la France, héritant du rêve d'empire franco-arabe bâti sous Napoléon III. En décidant qu'il en serait autrement par leur simple existence, les Israéliens, soutenus par une majorité de Juifs français, rendent la réalisation de ce rêve impossible. La tentative d'unir Arabes et Juifs dans un même grand projet français n'est pas pour rien dans le clivage entre les deux communautés en France même et la crise qui a explosé à partir de 2000. Par le poids croissant d'une population issue de l'immigration, mal assimilée, en proie au racisme et flattée dans son « islamité » par la politique étrangère du pays où elle vit, la France est en train de devenir « une puissance musulmane », mais de façon bien différente de ce qu'envisageaient ceux qui ont forgé cette illusion conceptuelle, si dangereuse aujourd'hui pour les intérêts des Français.

Laissons le mot de la fin à un diplomate français. L'ancien ambassadeur d'Israël, Avi Pazner, rapporte ainsi un dialogue avec le directeur d'Afrique du Nord et du Moyen-Orient au Quai d'Orsay, Denis Beauchard :

« Où est la place d'Israël dans cette politique arabe de la France ?

— Mais Israël fait évidemment partie de notre politique arabe, s'exclama-t-il.

Je le regardai, incrédule. Visiblement, il n'avait pas conscience de la portée de ses propos[135]. »

N'est-il pas temps que la « politique arabe de la France » laisse place à la politique française de la France ? Que la France du XXIe siècle prenne conscience des propos de ses diplomates et leur apprenne à en tenir d'autres est tout ce que nous devons souhaiter à la nation qui a inventé les droits de l'homme, la liberté, l'égalité et la fraternité.

SOURCES ET BIBLIOGRAPHIE

Principales archives du ministère des Affaires étrangères

Afrique-Levant / 1944-1965 / Généralités
Dossiers généraux du personnel / Concours
Europe / Pologne / 1918-1940
Guerre 1914-1918
Levant / Palestine / 1918-1940 et 1944-1965
Nations unies et organisations internationales, 1947-1965
Nouvelle série / Russie puis URSS / 1896-1905 et 1918-1940
Nouvelle série / Turquie / 1897-1914
Papiers d'agents Billy, Blanc, Casenave, Collin, Jusserand, Marcel
Archives du Centre d'histoire de l'Europe du xxᵉ siècle
Couve de Murville, Debré, Jeanneney, Parodi

Ouvrages

Abitbol, M., *Les Deux Terres promises*, Paris, 1989.
— *Le Passé d'une discorde*, Paris, 1999.
Abitbol, M. (dir.), *La France et le Proche-Orient. Passé, présent et avenir*, Jérusalem, 2004.
Adler, A., *J'ai vu finir le monde ancien*, Paris, 2002.
Aeschimann, É., Boltanski, C., *Chirac d'Arabie : les mirages d'une politique française*, Paris, 2006.
Aldrich, R., Connell, J., *France in World Politics*, Londres, 1989.

Allain, J.-C. *et alii, Histoire de la diplomatie française*, Paris, 2005.

Allard, P., *Le Quai d'Orsay, son personnel, ses rouages, ses dessous*, Paris, 1938.

Allen, D., Pijpers A. K. (dir.), *European Foreign Policy Making and the Arab Israeli Conflict*, La Haye, 1984.

Allizé, H., *Ma mission à Vienne*, Paris, 1933.

Alphand, H., *L'Étonnement d'être. Journal (1939-1973)*, Paris, 1977.

Amson, D., *De Gaulle et Israël*, Paris, 1991.

— *Israël et Palestine*, Paris, 1992.

Ancel, J., *Manuel historique de la question d'Orient, 1792-1925*, Paris, 1926.

Anderson, R. D., *France 1870-1914 : Politics and Society*, Londres, 1977.

Andrew, C. M., *Théophile Delcassé and the Making of the Entente Cordiale*, Londres, 1968.

Andrew, C. M., Kanya-Forstner A. S., *French Overseas, the Climax of French Imperial Expansion*, Londres, 1981.

Andrews, F. F., *The Holy Land under the Mandate*, Boston, 1931, 2 vol.

Anissimov, M., *Romain Gary le caméléon*, Paris, 2004.

Antonius, G., *The Arab Awakening*, Londres, 1938.

Aron, Raymond, *De Gaulle, Israël et les Juifs*, Paris, 1968.

Aron, Robert, *Histoire de Vichy*, Paris, 1954.

— *Histoire de l'épuration*, Paris, 1967-1975, 3 vol.

Attali, J., *Verbatim*, Paris, 1993.

Auffray, B., *Pierre de Margerie (1861-1942) et la vie diplomatique de son temps*, Paris, 1976.

Aumale, J. d', *Voix de l'Orient : souvenirs d'un diplomate*, Montréal, 1945.

Auriol, V., *Mon septennat 1947-1954*, Paris, 1970.

— *Journal du septennat 1947-1954*, Paris, 1970-1978, 6 vol.

Azeroual, Y., Derai, Y., *Mitterrand, Israël et les Juifs*, Paris, 1990.

Baeyens, J., *Au bout du quai*, Paris, 1976.

— *Un coup d'épée dans l'eau du Canal. La seconde campagne d'Égypte*, Paris, 1976.

— *Étranges Affaires étrangères*, Paris, 1978.

Baillou, J. (dir.), *Les Affaires étrangères et le corps diplomatique*, Paris, 1984, 2 vol.

Baillou, J., Pelletier, P., *Les Affaires étrangères*, Paris, 1962.

Balta, P., Rulleau, C., *La Politique arabe de la France de De Gaulle à Pompidou*, Paris, 1973.

Barbier, C., *Henri Hoppenot (25 octobre 1891-10 août 1977), diplomate*, Paris, 1999.

Barbier, J.-B., *Le Frac de Nessus*, Rome, 1951.

Barcelo, L., *Paul d'Estournelles de Constant*, Paris, 1995.

Bardoux, J., Allary, J., *Une diplomatie moderne*, Paris, 1927.

Barnavi, E., Friedländer, S., *La Politique étrangère du général de Gaulle*, Paris, 1985.

Barnavi, E., Rosenzweig, L., *La France et Israël : une histoire passionnelle*, Paris, 2002.

Barré, J.-L., *Philippe Berthelot, l'éminence grise, 1866-1934*, Paris, 1998.

Baruch, M. O. (dir.), *Une poignée de misérables : l'épuration de la société française après la Seconde Guerre mondiale*, Paris, 2003.

Bar-Zohar, M., *Les Relations entre la France et Israël, 1948-1961*, Paris, 1963.

— *Suez ultra-secret*, Paris, 1964.

— *Histoire secrète de la guerre d'Israël*, Paris, 1968.

— *Embassies in Crisis : Diplomats and Demagogues behind the Six-Day War*, Engelwood Cliffs, 1970.

— *Une histoire sans fard : L'Oréal, des années sombres au boycott arabe*, Paris, 1996.

Basdevant, J. (dir.) *Les Affaires étrangères*, Paris, 1959.

Baudouin, P., *Neuf mois au gouvernement*, Paris, 1948.

Baumont, M., *Aux sources de l'affaire Dreyfus. L'affaire Dreyfus d'après les archives diplomatiques*, Paris, 1959.

Bazouni, Y., *Le Métier de diplomate*, Paris, 2005.

Beaufre, A., *L'Expédition de Suez, 1956*, Paris, 1968.

Beauvois, Y., *Léon Noël, l'ambassadeur, 1932-1939*, s.l., 1992.

Bédarida, F., Rioux, J.-P. (dir.), *Pierre Mendès France et le mendésisme*, Paris, 1985.

Bély, L. (dir.), *Dictionnaire des ministres des Affaires étrangères 1589-2004*, Paris, 2005.

Benamou, G.-M., *« Jeune homme, vous ne savez pas de quoi vous parlez »*, Paris, 2001.

Benoist, C., *La Question méditerranéenne*, Paris, 1928.

— *Souvenirs*, Paris, 1932-1934, 3 vol.

Bensimon, D., *Les Juifs de France et leurs relations avec Israël, 1945-1988*, Paris, 1989.

Bensimon, D., Pinkus, B. (dir.), *Les Juifs de France, le sionisme et l'État d'Israël*, Paris, 1989.

Bérard, A., *Un ambassadeur se souvient*, Paris, 1976-1982, 5 vol.
Bertrand, L., *Le Jardin de la mort*, Paris, 1909.
— *Le Mirage oriental*, Paris, 1909.
— *Le Livre de la Méditerranée*, Paris, 1911.
— *Les Pays méditerranéens et la guerre*, Paris, s.d.
— *Devant l'islam*, Paris, 1926.
— *Hitler*, Paris, 1936.
Bidault, G., *Algérie, l'oiseau aux ailes coupées*, Paris, 1958.
— *D'une résistance à l'autre*, Paris, 1965.
— *Le Point*, Paris, 1968.
— *Les Éditoriaux de Georges Bidault : L'*Aube *1938*, Paris, 1992.
Birnbaum, P., *Les Fous de la République*, Paris, 1992.
Birnbaum, P. (dir.), *La France de l'affaire Dreyfus*, Paris, 1994.
Blondel, J.-F., *Au fil de la carrière. Récit d'un diplomate 1911-1938*, Paris, 1960.
Body, J., *Jean Giraudoux*, Paris, 2004.
Bompard, M., *Mon ambassade en Russie*, Paris, 1937.
Bona, D., *Romain Gary*, Paris, 1987.
Bonnet, G., *De Washington au Quai d'Orsay*, Paris, 1946.
— *Fin d'une Europe*, Paris, 1948.
— *Le Quai d'Orsay sous trois républiques*, Paris, 1961.
— *De Munich à la guerre*, Paris, 1967.
— *Dans la tourmente*, Paris, 1976.
Bourdeillette, J., *Pour Israël*, Paris, 1968.
Bovis, H. E., *The Jerusalem Question 1916-1978*, Stanford, 1971.
Bowle, J., *Viscount Samuel. A Biography*, Londres, 1957.
Boyer de Sainte-Suzanne, R., *Une politique étrangère*, Paris, 2000.
Bréal, A., *Philippe Berthelot*, Paris, 1937.
Bromberger, M., Bromberger, S., *Les Secrets de l'expédition d'Égypte*, Paris, 1978.
Brugere, R., *Veni, Vidi, Vichy... et la suite*, Paris, 1953.
— *Noblesse et rigueur du métier diplomatique*, Paris, 1962.
Bruneau, A., *Traditions et politiques de la France au Levant*, Paris, 1932.
Bry, A., *Les Cent Métiers du Quai d'Orsay*, Paris, 2000.
Busi, F., *The Pope of Antisemitism. The Career and Legacy of Edouard-Adolphe Drumont*, Lanham-New York-Londres, 1986.
Caille, J., *La Représentation diplomatique de la France au Maroc*, Paris, 1951.
Cambon, H., *Correspondance*, Paris, 1940-1946, 3 vol.

— *Histoire de la Régence de Tunis*, Paris, 1948.

— *Histoire du Maroc*, Paris, 1952.

Cambon, J., *Le Gouvernement général de l'Algérie, 1891-1897*, Paris, 1918.

Cambon, P., *Le Diplomate*, Paris, 1926.

— *Ambassadeur de France*, Paris, 1937.

— *Correspondance 1870-1924*, Paris, 1940-1946, 3 vol.

Carmel, H., Carmel, J., *Israël ultra-secret*, Paris, 1989.

Carroll, E. M., *French Public Opinion and Foreign Affairs, 1870-1914*, New York, 1931.

Cerny, P. G., *The Politics of Grandeur. Ideological Aspects of de Gaulle's Foreign Policy*, Cambridge, 1980.

Cerruti, E. P. *et alii*, *Je les ai bien connus. Souvenirs d'ambassades*, Paris, 1950.

Chagnollaud, D., *L'Invention de hauts fonctionnaires*, doctorat IEP, 1988.

Chambon, A., *Mais que font donc les diplomates entre deux cocktails?*, Paris, 1983.

Chambrun, C. de, *L'Esprit de la diplomatie*, Paris, 1944.

Chandory, J., *La France et la question d'Orient*, Paris, 1897.

Charle, C., *Les Élites de la République*, Paris, 1987.

Charles-Roux, F., *Les Échelles de Syrie et de Palestine au xviiie siècle*, Paris, 1907.

— *Alexandre II, Gortchakoff et Napoléon III*, Paris, 1913.

— *Trois ambassades françaises à la veille de la guerre*, Paris, 1928.

— *France et Afrique du Nord avant 1830*, Paris, 1932.

— *La France et les chrétiens d'Orient*, Paris, 1939.

— *Huit ans au Vatican 1932-1940*, Paris, 1947.

— *La Paix des empires centraux*, s.l., 1947.

— *Cinq mois tragiques aux Affaires étrangères*, Paris, 1949.

— *Missions diplomatiques à Fès*, Paris, 1955.

— *Souvenirs diplomatiques d'un âge révolu*, Paris, 1956.

— *Une grande ambassade à Rome*, Paris, 1961.

Charmetant, Mgr, *Constantinople, Syrie, Palestine*, Paris, 1915.

Chastenet, J., *De Pétain à de Gaulle, juillet 1940-août 1944*, Paris, 1971.

— *Quatre fois vingt ans (1893-1973)*, Paris, 1974.

Chauvel, J., *Commentaire*, Paris, 1971-1973, 3 vol.

Cherigui, H., *La Politique méditerranéenne de la France*, Paris, 1997.

Chouraqui, A., *La Reconnaissance*, Paris, 1992.

Cisco, J., *Aristide Briand*, Paris, 1930.

Claudel, P., *Mémoires improvisés*, Paris, 1969.

— *Une voix sur Israël*, Paris, 1950.

Claudel, P., Gide, A., *Correspondance*, Gallimard, 1949.

Clément, C., *Israël et la Vᵉ République*, Paris, 1978.

Cloarec, V., *La France et la question de Syrie, 1914-1918*, Paris, 1998.

Cogan, C., *French Negotiating Behaviour : Dealing with La Grande Nation*, Washington, 2003.

Cohen, M. J., *Palestine and the Great Powers 1945-1948*, Princeton, 1982.

Cohen, S., *De Gaulle, les gaullistes et Israël*, Paris, 1974.

Cohen, S., Smouts, M.-C. (dir.), *La Politique extérieure de Valéry Giscard d'Estaing*, Paris, 1985.

Coignard, S., Wickham, A., *La Nomenklatura française*, Paris, 1986.

Colombani, J.-M., *Tous Américains ?*, Paris, 2002.

Cooke, J. J., *New French Imperialism, 1880-1910 : The Third Republic and Colonial Expansion*, Hamden, 1973.

Coulondre, R., *De Staline à Hitler*, Paris, 1950.

Couve de Murville, M., *Une politique étrangère, 1958-1969*, Paris, 1971.

Couve de Murville, M., Delarue, M., *Le Monde en face*, Paris, 1989.

Craig, G. A., Gilbert, F., *The Diplomats*, Princeton, 1972.

Cressaty, J.-M. de, *France et Syrie*, Paris, 1916.

— *Le Rattachement de la Syrie à la France*, Paris, 1916.

Crosbie, S. K., *A Tacit Alliance. France and Israel from Suez to the Six-Day War*, Princeton, 1974.

Crouy-Chanel, E. de, *Alexis Leger ou l'autre visage de Saint-John Perse*, Paris, 1989.

Cumming, H. H., *Franco-British Rivalry in the Post-War Near East. The Decline of French Influence*, Oxford, 1936.

Cyon, E. de, *Histoire de l'entente franco-russe*, Paris, 1895.

Dalloz, J., *La Création de l'État d'Israël vue par la presse française*, Paris, 1993.

Dan, U. et alii, *L'Embargo*, Paris, 1969.

Dan, U. (dir.), *The Great Powers and the Middle East, 1919-1939*, New York-Londres, 1988.

Daridan, J., *Le Chemin de la défaite*, Paris, 1980.

Dasque, I., *À la recherche de Monsieur de Norpois : les diplomates de la République 1871-1914*, doctorat Paris I, 2005.

Denquin, T., *La Naissance du Congrès juif mondial et la France*, mémoire de maîtrise Paris X-Nanterre, 1989.

Derogy, J., *La Loi du retour*, Paris, 1970.

Destremau, B., *Quai d'Orsay, derrière la façade*, Paris, 1994.

Destremau, C., Moncelon, J., *Massignon*, Paris, 1994.

Diallo, T., *La Politique étrangère de Georges Pompidou*, Paris, 1992.

Doise, J., Vaïsse, M., *Diplomatie et outil militaire, 1871-1991*, Paris, 1992.

Donnadieu, J., *Les Consuls de France*, 1928.

Dorin, B., *Appelez-moi Excellence. Un ambassadeur parle*, Montréal, 2001.

Douglas, M., *Ainsi pensent les institutions*, Paris, 1989.

Driault, E., *La Question d'Orient depuis ses origines jusqu'à la paix de Sèvres*, Paris, 1921.

— *La Question d'Orient 1918-1937. La paix de la Méditerranée*, Paris, 1938.

Drouin, M. (dir.), *L'Affaire Dreyfus de A à Z*, Paris, 1994.

Ducruet, J., *Les Capitaux européens au Proche-Orient*, Paris, 1964.

Dufay, P., *Jean Giraudoux*, Paris, 1993.

Dumaine, A., *La Dernière Ambassade de France en Autriche*, Paris, 1921.

— *Choses d'Allemagne*, Paris, 1925.

Dumaine, J., *Quai d'Orsay 1945-1951*, Paris, 1955.

Duroselle, J.-B., *La Décadence 1932-1939*, Paris, 1979.

— *L'Abîme 1939-1945*, Paris, 1982.

Duroselle, J.-B. (dir.), *La Politique étrangère et ses fondements*, Paris, 1954.

Ebban, A., *The New Diplomacy*, New York, 1983.

Elath, E., *Haj Mohammed Amin al-Husseini*, Jérusalem, 1968.

Élie, H., *Souvenirs d'un diplomate*, Paris, 1978.

Elpeleg, Z., *The Grand Mufti*, Londres, 1993.

Estournelles de Constant, P. d', *La Politique française en Tunisie*, Paris, 1891.

— *Le Diplomate*, Paris, 1910.

— *Les États-Unis*, Paris, 1913.

Eubank, K., *Paul Cambon : Master Diplomatist*, Norman, 1960.

Eytan, F., *David et Marianne. La raison et la passion*, Paris, 1986.

— *La France, Israël et les Arabes. Le double jeu*, Paris, 2005.

Faguet, E., *Le Culte de l'incompétence*, Paris, 1910.

Faure, E., *Mémoires*, Paris, 1982-1984, 2 vol.

Faux, E., Legrand T., Pérez, G., *La Main droite de Dieu*, Paris, 1994.

Favier, P., Martin-Roland, M., *La Décennie Mitterrand*, Paris, 1990-1999, 4 vol.

Fenby, J., *On the Brink : the Trouble with France*, Londres, 1998.

Fenwick, J.-R., *Les Vedettes de Cherbourg*, Paris, 1976.

Ferro, M., *Suez*, Bruxelles, 1982.

Ferry, A., *Carnets secrets (1914-1918)*, Paris, 1957.

Flandin, E., *Rapport sur la Syrie et la Palestine*, Paris, 1915.

Flandin, P.-E., *Politique française, 1910-1940*, Paris, 1947.

Fleury, S., *Du haut de ma falaise. Souvenirs d'un diplomate*, Paris, 1963.

Flood, C., *Pensée politique et imagination historique dans l'œuvre de Paul Claudel*, Paris, 1991.

Fogel, J.-F., *Morand Express*, Paris, 1980.

Fournié, P., Riccioli, J.-P., *La France et le Proche-Orient*, Tournai, 1996.

François-Poncet, A., *Souvenirs d'une ambassade à Berlin*, Paris, 1946.

— *Au palais Farnèse. Souvenirs d'une ambassade à Rome (1938-1940)*, Paris, 1961.

— *De Versailles à Potsdam*, Paris, 1971.

Frankel, J., *The Damascus Affair*, Cambridge, 1997.

Frémeaux, J., *La France et l'islam depuis 1789*, Paris, 1991

Freycinet, C. de, *Souvenirs, 1878-1893*, Paris, 1913.

Friedman, I., *The Question of Palestine 1914-1918*, Londres, 1973.

Friedman, M., Chernin, A. D. (dir.), *A Second Exodus : the American Movement to Free Soviet Jews*, Hanover, 1999.

Fritsch-Estrangin, G., *New York entre de Gaulle et Pétain*, Paris, 1969.

Froment-Meurice, H., *Vu du Quai, 1945-1983*, Paris, 1998.

Frydman, D., Frydman, J., *Pour servir la mémoire : André Bettencourt et la tradition pro-nazie*, Savyon, 1994.

Garnier, J.-P., *Excellences et plumes blanches*, Paris, 1961.

Gary, R., *Le Grand Vestiaire*, Paris, 1948.

— *Adieu Gary Cooper*, Paris, 1969.

— *La nuit sera calme*, Paris, 1974.

— *Au-delà de cette limite votre ticket n'est plus valable*, Paris, 1975.

Gaussen, L., *Comment devient-on consul ?*, 1913.

Gee, J., *Le Mirage, « arme secrète » de la politique française*, Paris, 1971.

Georges-Picot, G., *La France et l'Empire ottoman. De l'intégrité au partage*, mémoire de maîtrise, Paris I, 1977.

Georges-Picot, J., *La Véritable Crise de Suez*, Paris, 1975.

Gérald, A., *Paul Claudel ou l'enfer du génie*, Paris, 1988.

Gérard, A., *À la mémoire de ma mère*, Paris, 1924.

— *Mémoires*, Paris, 1928.

Gerbet, P., *Le Relèvement, 1944-1949*, Paris, 1991.

Gérin-Ricard, L. de, *Traditions de la diplomatie française*, Paris, 1942.

Ghaleb, P., *Le Protectorat religieux de la France en Orient*, Avignon, 1913.

Giraudoux, J., *Siegfried et le Limousin*, Paris, 1922.

— *Pleins pouvoirs*, Paris, 1939.

Gouin, A., *Souvenirs sur Jules Cambon*, Tours, 1935.

Gozlan, M., *Le Désir d'islam*, Paris, 2005.

Grant, R. P., *Les Querelles franco-américaines et le conflit israélo-arabe*, doctorat 3ᵉ cycle IEP, 1983, 2 vol.

Greilsammer, I., Weiler, J., *Europe's Middle East Dilemma. The Quest for a Unified Stance*, Londres, 1987.

— *Europe and Israel : Troubled Neighbours*, Berlin-New York, 1988.

Griolet, H., *Le Ministère des Affaires étrangères*, Paris, 1900.

Grosser, A., *La IVᵉ République et sa politique extérieure*, Paris, 1972.

— *Affaires extérieures. La politique de la France, 1944-1989*, Paris, 1989.

Grundther, T., *Zones d'ombres*, Aix-en-Provence, 1990.

Gubert, R., Saint-Martin, E., *L'Arrogance française*, Paris, 2003.

Gude, M. L., *Louis Massignon. The Crucible of Compassion*, Notre-Dame-Londres, 1996.

Guglielmi, F., *La Palestine devant la politique française au Levant, 1918-1922*, mémoire de maîtrise, Paris IV, 1988.

Guillen, P., *L'Expansion, 1881-1898*, Paris, 1984.

Guiral, P., Temime, E. (dir.), *L'Idée de race dans la pensée politique française contemporaine*, Paris, 1988.

Guitard-Auviste, G., *Paul Morand*, Paris, 1981.

Guy de la Bastide, M., *La Carrière que j'ai connue*, La Charité-sur-Loire, 1981.

Hadas-Lebel, A., *Le Problème du royaume arabe dans la politique française au Levant, 1918-1920*, mémoire de maîtrise, Paris IV, 1987.

Hajjar, J., *Le Vatican, la France et le catholicisme oriental (1878-1914)*, Paris, 1979.

Halévy, D., *La Fin des notables*, Paris, 1930.

Halfond, I., *Maurice Paléologue : the Diplomatist, the Writer, the Man and the Third French Republic*, Temple University, 1974.

Hamburger, M., *Léon Bourgeois*, Paris, 1932.

Hanotaux, G., *La Politique de l'équilibre 1907-1911*, Paris, 1912.
— *La Guerre des Balkans et l'Europe*, Paris, 1914.
— *L'Échec de la monarchie et la fondation de la IIIe République*, Paris, 1926.
— *Regards sur l'Égypte et la Palestine*, Paris, 1929.
— *Mon temps*, vol. II et IV, Paris, 1938.
— *Histoire de la France contemporaine*, Paris, s.d., 4 vol.
— *Carnets*, Paris, 1982.
Hanotaux, G., Martineau, A. (dir.), *Histoire des colonies françaises et de l'expansion de la France dans le monde*, Paris, s.d.
Hayne, M. B., *The French Foreign Office and the Origins of the First World War, 1898-1914*, Oxford, 1993.
Hebey, P., *Les Disparus de Damas*, Paris, 2003.
Hentsch, T., *Imagining the Middle East*, Montréal, 1992.
Herbette, L., *Nos diplomates et notre diplomatie. Étude sur le ministère des Affaires étrangères*, Paris, 1874.
Herbette, M., *L'Avenir de la France : réformes nécessaires*, Paris, 1918.
Hermant, A., *La Carrière*, Paris, 1904.
Herriot, E., *Agir*, Paris, 1917.
— *Jadis*, Paris, 1952, 2 vol.
Hershco, T., *Entre Paris et Jérusalem : la France, le sionisme et la création de l'État d'Israël : 1945-1949*, Paris, 2003.
Hesse, R., *Aristide Briand, premier européen*, Paris, 1939.
Homberg, O., *Les Coulisses de l'histoire : souvenirs 1898-1928*, Paris, 1938.
Homet, M., *L'Histoire secrète du traité franco-syrien (Syrie, terre irrédente)*, Paris, 1938.
Hudemann, R., Soutou, G.-H., *Eliten in Deutschland und Frankreich im 19 und 20 Jarhundert*, Munich, 1994, 2 vol.
Huston, N., *Tombeau de Romain Gary*, Paris, 2002.
Hytier, A. D., *Two Years of French Foreign Policy : Vichy 1940-1942*, Genève, 1958.
Iiams, T. M., *Dreyfus Diplomatists and the Dual Alliance. Gabriel Hanotaux at the Quai d'Orsay (1894-1898)*, Genève-Paris, 1962.
Institute of Jewish Affairs, *Relations between France & Israel since 1967*, Research Report 2, 1982.
Jeanneney, J.-M., Lacouture, J., *Une mémoire républicaine*, Paris, 1997.
Jobert, M., *L'Autre Regard*, Paris, 1958.

— *Mémoires d'avenir*, Paris, 1974.

— *La Rivière aux grenades*, Paris, 1982.

— *Par trente-six chemins, je n'irai pas*, Paris, 1984.

— *Journal immédiat... et pour une petite éternité*, Paris, 1987.

— *Journal du Golfe : août 1990-août 1991*, Paris, 1991.

— *Maghreb : à l'ombre de ses mains*, Paris, 1995.

— *L'Aveuglement du monde occidental*, Paris, 1996.

— *Les Illusions immobiles*, Paris, 1999.

Jobert, M., Remilleux, J.-L., *Ni Dieu ni diable*, Paris, 1993.

Judet, E., *Georges Louis*, Paris, 1925.

Julien, C.-A., *L'Afrique du Nord en marche*, Paris, 1972.

Jung, E., *Les Puissances devant la révolte arabe*, Paris, 1906.

— *L'Islam sous le joug*, Paris, 1926.

— *Les Arabes et l'islam en face des nouvelles croisades*, Paris, 1931.

— *Palestine et sionisme*, Paris, 1931.

Jusserand, J.-J., *Le Sentiment américain pendant la guerre*, Paris, 1931.

— *L'École des ambassadeurs*, Paris, 1934.

Kagan, B., *Combat secret pour Israël*, Paris, 1963.

Kammerer, A., *La Vérité sur l'armistice*, Paris, 1944.

— *La Tragédie de Mers el-Kébir*, Paris, 1945.

— *Du débarquement africain au meurtre de Darlan*, Paris, 1949.

Kaplan, J., *Judaïsme français et sionisme*, Paris, 1976.

Kaplan, J., Pierrard, P., *Justice pour la foi juive*, Paris, 1977.

Kassir, S., Mardam-Bey, F., *Itinéraires de Paris à Jérusalem, la France et le conflit israélo-arabe*, Paris, 1992-1994, 2 vol.

Keryell, J. (dir.), *Louis Massignon et ses contemporains*, Paris, 1997.

— *Louis Massignon au cœur de notre temps*, Paris, 1999.

Kessler, M.-C., *La Politique étrangère de la France, acteurs et processus*, Paris, 1999.

Khoury, G. D., *La France et l'Orient arabe. Naissance du Liban moderne, 1914-1920*, Paris, 1993.

Kingston de Leusse, M., *Diplomate. Une sociologie des ambassadeurs*, Paris, 1998.

Klarsfeld, S. (dir.), *Le Statut des Juifs de Vichy. Documentation*, Paris, 1990.

Kocher-Marbœuf, E., *Une décennie d'actions au service de la France gaullienne. Jean-Marcel Jeanneney 1959-1969*, doctorat IEP, 1997, 3 vol.

Korzec, P., *Juifs en Pologne*, Paris, 1980.

Kreutz, A., *Vatican Policy on the Palestinian-Israeli Conflict. The Struggle for the Holy Lands*, New York, 1990.

Krinen, D., *La Politique proche-orientale du général de Gaulle (1958-1969). Le sentiment et la raison*, doctorat, Toulouse, 1975.

Kupfer, J., *Le Glaive de David : l'élément militaire sioniste dans la Première Guerre mondiale*, Paris, 1998.

Lafont de Savines, G., *État statistique des Juifs en 1914 dans l'armée, la magistrature, les diverses administrations et dans le high-life français*, Paris, 1914.

Laloy, J., Yalta-Lamy, E., *La France au Levant*, Paris, 1900.

Lapierre, J.-W., *L'Information sur l'État d'Israël dans les grands quotidiens français en 1958*, Paris, 1968.

Lares, M., T. E. *Lawrence, la France et les Français*, Paris, 1978.

Laroche, J., *La Pologne de Pilsudski. Souvenirs d'une ambassade 1926-1935*, Paris, 1935.

— *Quinze ans à Rome avec Camille Barrère (1898-1913)*, Paris, 1948.

— *Au Quai d'Orsay avec Briand et Poincaré*, Paris, 1957.

Laurens, H., *Le Royaume impossible. La France et la genèse du monde arabe*, Paris, 1990.

— *Le Grand Jeu*, Paris, 1991.

— *Le Retour des exilés*, Paris, 1998.

— *La Question de Palestine*, Paris, 1999-2007, vol. 1-3.

Lazar, D., *L'Opinion française et la naissance de l'État d'Israël*, Paris, 1972.

— *Les Affaires étrangères et le corps diplomatique français*, Paris, 1984.

Levey, Z., *Israel and the Western Powers, 1952-1960*, Chapell Hill, 1997.

Lévis Mirepoix, E. de, *Le Ministère des Affaires étrangères : organisation de l'administration centrale et des services extérieurs (1793-1933)*, Angers, 1934.

Lipschits, I., *La Politique de la France au Levant, Paris, 1939-1941*, Amsterdam, 1962.

Livian, M., *Le Parti socialiste et l'immigration. Le gouvernement Léon Blum, la main-d'œuvre immigrée et les réfugiés politiques (1920-1940)*, Paris, 1982.

Longrigg, S. H., *Syria and Lebanon under French Mandate*, Londres-New York-Toronto, 1958.

Loppin, P., *Léon Bourgeois,* Paris, 1964.

Lottman, H. R, *L'Épuration : 1943-1953,* Paris, 1986.

Louet, I., *L'Émigration des Juifs soviétiques : un instrument de la politique étrangère de l'URSS,* mémoire de maîtrise IEP, 1994.

Louis, G., *Les Carnets de Georges Louis,* Paris, 1926.

Louvrier, P., Canal-Forgues, E., *Paul Morand,* Paris, 1994.

Lyautey, P., *Gouraud,* Paris, 1949.

Malicet, M. (dir.), *Paul Claudel-Louis Massignon,* Paris, 1973.

Manigand, C., *La Carrière politique d'Henry de Jouvenel,* doctorat IEP, 1996, 4 vol.

Massigli, R., *Quelques maladies de l'État,* Paris, 1958.

— *La Turquie devant la guerre. Mission à Ankara 1939-1940,* Paris, 1964.

Massignon, D. (dir.), *Louis Massignon et le dialogue des cultures,* Paris, 1996.

Massignon, L., *Parole donnée,* Paris, 1970.

Mattar, P., *The Mufti of Jerusalem,* New York, 1988.

Meinertzhagen, R., *Middle East Diary (1917-1956),* Londres, 1959.

Mension-Rigau, E., *Aristocrates et grands bourgeois,* Paris, 1994.

Mercier, J., *Parti pris pour Israël,* Paris, 1970.

Merkley, P. C., *The Politics of Christian Zionism, 1891-1948,* Londres, 1998.

— *Christian Attitudes towards the State of Israel,* Montréal, 2001.

Michel, H., *Vichy, année 40,* Paris, 1966.

Miller, D. J., *Stephen Pichon and the Making of French Foreign Policy (1906-1911),* Ph.D., Cambridge, 1977.

Millman, R., *La Question juive entre les deux guerres, ligues de droite et antisémitisme en France,* Paris, 1992.

Milza, P., Poidevin, R., *La Puissance française à la « Belle Époque » mythe ou réalité?,* Bruxelles, 1992.

Ministère des Relations extérieures (Service d'information et de presse), *La France et le Proche-Orient,* Paris, 1984.

Mitterrand, F., *Réflexions sur la politique extérieure de la France,* Paris, 1986.

Moch, J., *Une si longue vie,* Paris, 1976.

Moine, P., *Les Socialistes français devant le mouvement sioniste et la création de l'État d'Israël, 1945-1949,* mémoire de maîtrise IEP, 1993.

Monteil, V. M., *Le Linceul de feu,* Paris, 1987.

Morand, P., *New York,* Paris, 1930.

— *Papiers d'identité*, Paris, 1931.
— *Londres*, Paris, 1933.
— *France la doulce*, Paris, 1934.
— *Journal d'un attaché d'ambassade*, Paris, 1948.
— *L'Allure de Chanel*, Paris, 1979.
Morand, P., Boutang, P.-A., *Entretiens*, Paris, 1990.
Morillon, J., *Massignon*, Paris, 1964.
Morris, P., Williams, S. (dir.), *France in the World*, Nottingham, 1985.
Mouton, M.-R., *La Société des Nations et les intérêts de la France, 1920-1924*, Berne, 1995.
Neher-Bernheim, R., *La Déclaration Balfour*, Paris, 1969.
Néton, A., *Delcassé (1852-1923)*, Paris, 1952.
Nevakivi, J., *Britain, France and the Arab Middle-East, 1914-1920*, Londres, 1969.
Nicault, C., *La France et le sionisme, 1897-1948 : une rencontre manquée?*, Paris, 1992.
Noël, L., *L'Agression allemande contre la Pologne. Une ambassade à Varsovie 1935-1939*, Paris, 1946.
— *Camille Barrère ambassadeur de France*, Paris, 1948.
— *Conseils à un jeune Français entrant dans la diplomatie*, Paris, 1948.
Norton, H. K., *Foreign Office Organization*, Philadelphie, 1929.
Noulens, J., *Mon ambassade en Russie soviétique*, Paris, 1933, 2 vol.
Novick, P., *L'Épuration française : 1944-1949*, Paris, 1977.
Ordioni, P., *Mémoires à contretemps (1945-1972)*, Paris, 2000.
Ormesson, W. d', *De Saint-Pétersbourg à Rome*, Paris, 1969.
Osborne, T. R., *The Recruitment*, New York, 1983.
Oudin, B., *Aristide Briand*, Paris, 1987.
Outrey, A., *L'Administration française des Affaires étrangères*, Paris, 1954.
Paléologue, M., *La Russie des Tsars*, Paris, 1922, 3 vol.
— *Le Roman tragique d'Alexandre II*, Paris, 1923.
— *Un grand tournant de la politique mondiale 1904-1906*, Paris, 1934.
— *Guillaume II et Nicolas II*, Paris, 1934.
— *Les Précurseurs de Lénine*, Paris, 1938.
— *L'Écroulement du tsarisme*, Paris, 1939.
— *Aux portes du jugement dernier*, Paris, 1940.
— *Au Quai d'Orsay à la veille de la tourmente : journal 1913-1914*, Paris, 1947.

— *Journal de l'affaire Dreyfus, 1894-1899. L'affaire Dreyfus et le Quai d'Orsay*, Paris, 1955.

Patenôtre, J., *Souvenirs d'un diplomate*, Paris, 1914.

— *Paul Cambon, ambassadeur de France (1843-1924)*, Paris, 1937.

Pazner, A., Eytan, F., *Les Secrets d'un diplomate*, Paris, 2005.

Péan, P., *Une jeunesse française : François Mitterrand, 1934-1947*, Paris, 1994.

Péan, P., Séréni, J.-P., *Les Émirs de la République*, Paris, 1982.

Pearlman, M., *Mufti of Jerusalem. The Story of Haj Amin El Husseini*, Londres, 1947.

Peres, S., *La Fronde de David*, Paris, 1970.

Pernot, M., *Rapport sur un voyage d'étude à Constantinople, en Égypte et en Turquie d'Asie (janvier-août 1912)*, Paris, 1912.

— *L'Inquiétude de l'Orient. En Asie musulmane*, Paris, 1927.

Perret, J.-P., Villeneuve, C., *Histoire secrète du terrorisme. Les juges de l'impossible*, Paris, 1987.

Pertinax (André Géraud), *Les Fossoyeurs*, New York, 1943, 2 vol.

Petit, J., *Bernanos, Bloy, Claudel, Péguy. Quatre écrivains catholiques face à Israël : images et mythes*, Paris, 1972.

Peyrefitte, R., *Les Ambassades*, Paris, 1951.

— *La Fin des ambassades*, Paris, 1953.

Peyrouton, M., *Itinéraires de Casablanca à Tunis*, Paris, 1936.

— *Du service public à la prison commune*, Paris, 1950.

— *Histoire générale du Maghreb*, Paris, 1966.

Pfister, T., *La République des fonctionnaires*, Paris, 1988.

Pickles, D. M., *The Uneasy Entente. French Foreign Policy and Franco-British Misunderstanding*, Oxford, 1966.

Pierret, A., *Ambassadeur en Israël*, Paris, 1999.

Pineau, C., *Suez*, Paris, 1976.

Pingaud, A., *Histoire diplomatique de la France pendant la Grande Guerre*, Paris, 1938-1941, 3 vol.

Pisani-Ferry, F., *Jules Ferry et le partage du monde*, Paris, 1962.

Pitman, P. M., *A Short Guide to the Archives of the Quai d'Orsay*, Paris, 1993.

Pognon, H., *Lettre à Monsieur Doumergue au sujet d'une réforme du ministère des Affaires étrangères*, Paris, 1914.

Porter, C. W., *The Career of Théophile Delcassé*, Philadelphie, 1936.

Puaux, G., *Deux années au Levant (1939-1940)*, Paris, 1959.

Queuille, P., *Histoire diplomatique de Vichy. Pétain diplomate*, Paris, 1976.

Quella-Villegier, A., *La Politique méditerranéenne de la France, 1870-1923. Un témoin : Pierre Loti*, Paris, 1991.

Rabinovich, A., *The Boats of Cherbourg*, New York, 1980.

Raimond, J.-B., *Le Quai d'Orsay à l'épreuve de la cohabitation*, Paris, 1989.

Raphaël-Leygues, J., *Delcassé*, Paris, 1980.

Rash, Y., *Déminer un champ fertile : les catholiques français et l'État d'Israël*, Paris, 1982.

Raymond, A. G., *Jean Giraudoux. The Theater of Victory and Defeat*, s.l., 1966.

Reichelberg, R., *Étude sur le thème de l'exil d'Israël dans le théâtre et l'œuvre de Paul Claudel*, Paris, 1976.

Rémond, R. (dir.), *Touvier et l'Église*, Paris, 1992.

Rémy, P.-J., *Trésors et secrets du Quai d'Orsay*, Paris, 2001.

Renouvin, P., *La Politique extérieure de Théophile Delcassé*, Paris, 1954.

Rey, M.-P., *La Tentation du rapprochement*, Paris, 1991.

Ribot, A., *Journal d'Alexandre Ribot et sa correspondance inédits, 1914-1922*, Paris, 1936.

Robin, G., *La Diplomatie de Mitterrand ou le triomphe des apparences*, Jouy-en-Josas, 1985.

Rochebrune, R. de, Hazera, J.-C., *Les Patrons sous l'Occupation*, Paris, 1997.

Rokach, L., *The Catholic Church and the Question of Palestine*, Londres, 1987.

Roussel, E., *Georges Pompidou*, Paris, 1984.

— *Mitterrand ou la constance du funambule*, Paris, 1991.

Sablier, E., *L'École française du terrorisme*, Monaco, 1993.

Sachar, H. M., *Europe Leaves the Middle East 1936-1954*, New York, 1972.

— *Israel and Europe. An Appraisal in History*, New York, 1998.

Saint-Aulaire, A. de, *François-Joseph*, Paris, 1945.

— *Confession d'un vieux diplomate*, Paris, 1953.

— *Je suis diplomate*, Paris, 1954.

Saint-Iran, J., *Les Cent Semaines*, Paris, 2005.

Saint-Martin, M. de, *L'Espace de la noblesse*, Paris, 1993.

Saint-Prot, C., *La France et le renouveau arabe de Charles de Gaulle à Valéry Giscard d'Estaing*, Paris, 1980.

Saint-René Taillandier, M., *Silhouettes d'ambassadeurs*, Paris, 1953.
Saint-Robert, P. de, *Le Jeu de la France en Méditerranée*, Paris, 1970.
— *Les Septennats interrompus*, Paris, 1977.
— *Le Secret des jours*, Paris, 1995.
Salon, A., *L'Action culturelle de la France dans le monde. Analyse critique*, doctorat Paris I, 1981.
Sarkany, S., *Paul Morand et le cosmopolitisme littéraire*, Paris, 1968.
Sarna, A. J., *Boycott and Blacklist : a History of Arab Economic Warfare against Israel*, Savage, 1986.
Schechtman, J., *The Mufti and the Führer*, New York, 1965.
Schifres, M., *L'Enaklatura*, Paris, 1987.
Schillo, F., *La France et la création de l'État d'Israël : 18 février 1947-11 mai 1949*, Paris, 1997.
Schoolcraft, R., *Romain Gary, the Man Who Sold his Shadow*, Philadelphie, 2002.
Schor, R., *L'Antisémitisme en France pendant les années 30*, Bruxelles, 1992.
Schuman, F. L., *War and Diplomacy in the French Republic*, New York, 1969.
Sédir, G., *Les Diplomates*, Paris, 1971.
Seydoux de Clausonne, F., *Mémoires d'outre-Rhin*, Paris, 1975.
— *Le Métier de diplomate*, Paris, 1980.
Shambrook, P. A., *French Imperialism in Syria*, s.l., 1988.
Shorrock, W. I., *French Imperialism in the Middle East. The Failure of French Policy in Syria and Lebanon, 1900-1914*, Madison, 1976.
Soffer, O., *Mission piégée. Un ambassadeur d'Israël en France*, Paris, 1995.
Soustelle, J., *La Longue Marche d'Israël*, Paris, 1968.
Suarez, G., *Briand, sa vie, son œuvre*, Paris, 1938-1941, 6 vol.
Szafran, M., *Les Juifs dans la politique française de 1945 à nos jours*, Paris, 1990.
Tabouis, G., *Jules Cambon par l'un des siens*, Paris, 1938.
Taguieff, P.-A. (dir.), *L'Antisémitisme de plume 1940-1944. Études et documents*, Paris, 1999.
Tanenbaum, J. K., *General Maurice Sarrail*, Chapel Hill, 1974.
Terrenoire, L., *De Gaulle, Israël et les Palestiniens*, Paris, 1989.
Tesseidre, R.-F., Wasjman, P., *Nos politiciens face au conflit israélo-arabe*, Paris, 1969.
Tharaud, J., Tharaud, J., *Alerte en Syrie !*, Paris, 1937.

Thobie, J., *Ali et les quarante voleurs. Impérialisme et Moyen-Orient de 1914 à nos jours*, Paris, 1985.

Thomas, A., *Comment Israël fut sauvé. Les secrets de l'expédition d'Égypte*, Paris, 1978.

Timmerman, K. R., *Le Lobby de la mort. Comment l'Occident a armé l'Irak*, Paris, 1991.

Tint, H., *The French Foreign Policy since WWII*, Londres, 1972.

Tournoux, R., *Secrets d'État*, Paris, 1960.

— *Le Feu et la Cendre*, Paris, 1979.

Trimbur, D., Aaronsohn, R. (dir.), *De Bonaparte à Balfour. La France, l'Europe occidentale et la Palestine 1799-1917*, Paris, 2001.

Tsur, J., *Prélude à Suez*, Paris, 1968.

Ulrich-Pier, R., *René Massigli (1888-1988). Une vie de diplomate*, Berne, 2006.

— *La Place de la France au Moyen-Orient*, Paris, 1920.

Védrine, H., *Continuer l'histoire*, Paris, 2007.

Verneuil, M. de, *Un consul se penche sur sa carrière 1910-1938*, Paris, 1969.

Villate, L., *Paul Cambon, un instrument de la grande politique de Th. Delcassé*, mémoire de maîtrise IEP, 1991.

— *Paul et Jules Cambon, deux acteurs de la diplomatie française, 1843-1935*, doctorat IEP, 1999, 3 vol.

Weed, M. K., *L'Image publique d'un homme secret : Michel Jobert et la diplomatie française*, doctorat 3e cycle IEP, 1991.

Weissman, S., Krosney, H., *The Islamic Bomb*, New York, 1981.

Weisgal, M. W. (éd.), *The Letters and Papers of Chaim Weizmann*, Londres, 1975-1977.

Wieviorka, M., Wolton, D., *Terrorisme à la une : média, terrorisme et démocratie*, Paris, 1987.

Williams, A., *Britain and France in the Middle-East and North-Africa, 1914-1967*, New York, 1968.

Williamson, S. R., *The Politics of Grand Strategy. Britain and France Prepare for War 1904-1914*, Cambridge, 1969.

Wistrich, R. S., *Anti-Zionism and Antisemitism in the Contemporary World*, Londres, 1990.

Wolf, L., *The Jew in Diplomacy*, Londres, 1923.

Wormser, G., *Français israélites*, Paris, 1963.

Wuthenow, R.-R., Heuer, R., *Antisemitismus, Zionismus, Antizionismus 1850-1940*, Francfort-sur-le-Main, 1997.

Zorgbibe, C., *Delcassé*, Paris, 2002.

Articles

Achard, G., « Le sionisme devant l'opinion française », *Le Mercure de France*, 1930, 759.

Allain, J.-C., « Le groupe dirigeant dans la conduite des relations internationales », *Relations internationales*, 1985, 41.

Arboit, G., « La chaîne d'information internationale pour la France », *Annuaire français des relations internationales*, 2004, 5.

Ayache, G., « La France et le sionisme », *Commentaire*, 2006, 115.

Balaj, B. S., « France and the Gulf war », *Mediterranean Quarterly*, 1993, 4 (3).

Beauchamp, D., « La fin d'une illusion : la politique arabe de la France », *Commentaire*, 1992, 58.

Binder, L., « Les États-Unis, la France et le conflit israélo-arabe », *Politique étrangère*, 1971, 5-6.

Boisdeffre, P. de, « Giraudoux ou l'art et la manière de ne pas être diplomate », *Cahiers Jean Giraudoux*, 1982, 11.

Brécher, F. W., « French Policy towards the Levant, 1914-1918 », *Middle Eastern Studies*, 1993, 29 (4).

Cheysson, C., « De bonnes intentions, des moyens limités », *Confluences en Méditerranée*, 1993, 7.

Christopher, M., Kanya-Forstner, A. S., « La France à la recherche de la Syrie intégrale », *Recherches internationales*, 1979, 19.

Colard, D., « La politique méditerranéenne et proche-orientale de Georges Pompidou », *Politique étrangère*, 1978, 3.

Couve de Murville, M., « Sur la "politique arabe de la France" », *Revue d'études palestiniennes*, 1991, 39.

Dalloz, J., « La France a-t-elle voulu la naissance d'Israël ? », *L'Histoire*, 1992, 153.

Dasque, I., « À la recherche de Monsieur de Norpois », *Revue d'histoire diplomatique*, 2000, 4.

Dethan, G., « Le Quai d'Orsay de 1870 à 1981 », *Opinion publique et politique extérieure*, Milan-Rome, 1981-1985, 3 vol.

Dieckhoff, A., « La France, Israël et les Palestiniens, 1945-1990 », *Regards sur l'actualité*, 1991, 169.

Feldman, S., «The Bombing of Osirak Revisited», *International Security*, 1982, 7-2.

Ferro, M., «De Gaulle et Israël», *Études gaulliennes*, 1977, 19-20.

Fleuriau, A. de, «Paul Cambon», *Revue d'histoire diplomatique*, 1936.

Gendzier, I., «Arabs and Israelis : French Views», *Middle East Journal*, 1968.

Gorce, P.-M. de la, «Europe and the Arab-Israeli Conflict», *Journal of Palestine Studies*, 1997, 3.

Hoffmann, S., «La France, les États-Unis et le conflit israélo-arabe, différences et asymétries, 1967-1971», *Politique étrangère*, 1971, 5-6.

— «La politique internationale de Mitterrand ou le gaullisme sous un autre nom», *Expérience Mitterrand*, Paris, 1988.

Hutzinger, J., «La politique extérieure du Parti socialiste», *Politique étrangère*, mars 1982.

Kaspi, A., «La France et la reconnaissance de l'État d'Israël, mai 1948-janvier 1949» dans *Enjeux et puissances : pour une histoire des relations internationales au XXᵉ siècle*, Paris, 1986.

Kassir, S., Mardam-Bey, F., «François Mitterrand et le Proche-Orient, une politique de l'affect», *Revue d'études palestiniennes*, 1993, 46, p. 35-73.

Kaufman, E., «The French pro-Zionist Declaration of 1917-1918», *Middle Eastern Studies*, 1979, XV, 3.

Kedourie, E., «Going Third World à la Française», *Middle East Quarterly*, 2004, 11-3.

Kouchner, B., «Diplomatie française, une affaire intérieure», *Politique internationale*, 2006, 112.

Langlois-Berthelot, D., «Philippe Berthelot, 1886-1934», *La Revue des deux mondes*, 1976.

Laurens, H., «La politique musulmane de la France : caractères généraux», *Maghreb-Machrek*, 1996, 152.

— «Plan de partage de la Palestine. Le vote de la France», *Monde arabe*, 1998, 159.

— «Le Mufti et la France de la IVᵉ République», *Revue d'études palestiniennes*, 2001, 81.

Levey, Z., «Israel's Pursuit of French Arms, 1952-1958», *Studies in Zionism*, 1993, 14 (2).

Levy, B.-H., «Figures juives de Romain Gary», *Le Monde des livres*, 22 juin 2007.

Madden, D. M, « French Glory in the Holy Land », *America,* 1960, 103-21.

Mahafzah, A., « La France et le mouvement nationaliste arabe de 1914 à 1950 », *Relations internationales*, 1979, 19.

Metellus, « Politique de la France au Proche-Orient », *Politique étrangère*, 1955, 20 (6).

Minerbi, S., « Europe and the Middle East : an Israeli Perspective », *Jerusalem Journal of International Affairs*, 1988, 3.

Moïsi, D., « Le Quai d'Orsay et la guerre du Golfe », *Pouvoirs*, 1991, 58.

Montagne, R., « La France et le sionisme en Palestine », *Revue d'histoire diplomatique*, 1945-1946, X, 3.

Nicault, C., « La France et le sionisme, 1897-1948. Une rencontre manquée ? », *Vingtième Siècle*, 1993, 38.

— « L'abandon des Juifs avant la Shoah : la France et la conférence d'Évian », *Les Cahiers de la Shoah*, 1993-1994, 1.

Rondot, P., « France and Palestine : from Charles de Gaulle to François Mitterrand », *Journal of Palestine Studies*, 1987, 16-3.

Rouleau, E., « French Policy in the Middle East », *World Today*, mai 1968.

Rouquet, F., *L'Épuration dans l'administration française : agents de l'État et collaboration ordinaire*, Paris, 1993.

Roy, O., « La France, orpheline de sa politique arabe », *Esprit*, 1991.

Sela, A., « France, French Interests and Policies » dans *Political Encyclopedia of the Middle East*, New York, Continuum, 1999.

Seydoux de Clausonne, F., « Aux Affaires étrangères de Jules Cambon à Geoffroy de Courcel », *La Revue des deux mondes*, 1973.

Shlaim, A., « The Protocol of Sèvres 1956, Anatomy of a War Plot », *International Affairs*, 1997, 73 (3).

Sullivan, A., « The Dynamics of French Resistance to Zionism in the 19th and Early 20th Centuries », *Mid-East Forum*, 1968, 4.

Tanenbaum, J. K., « France and the Arab Middle East, 1914-1920 », *Transactions of the American Philosophical Society*, LXVIII, 1978.

Thobie, J., « Pierre Mendès France, une vision du Moyen-Orient depuis l'expédition de Suez » dans *Pierre Mendès France et le rôle de la France dans le monde*, Grenoble, 1991.

— « Relations internationales et zones d'influence : les intérêts français en Palestine à la veille de la Première Guerre mondiale », *Intérêts et impérialisme Français dans l'Empire ottoman (1895-1914)*, Istanbul,

1977 (repris dans *L'Historien et les relations internationales*, Genève, 1981).

Thuilier, G., Tulard, J., «L'État et sa diplomatie (1800-1940)», *Revue de l'Institut français de sciences administratives*, 1988, 4.

Vaïsse, M., «La diplomatie française, les Juifs et les Arabes, réponse à David Pryce-Jones», *Commentaire*, 2006, 115.

Wiener, R. I., «Paul Cambon and the Dreyfus Affair : a Case Study», *Proceedings of the Second Meeting of the Western Society for French History*, 1977, 5.

Wood, P. C., «France and the Israeli-Palestinian Conflict : the Mitterrand Policies, 1981-1992», *Middle East Journal*, 1993, 47.

Zertal, I., «The Fifth Side of the Triangle. France and the Question of Eretz Israel After WWII», *Yaadout Zmaneinou*, 1985, 5.

«Giraudoux et la diplomatie», *Cahiers Jean Giraudoux*, 1984, 13.

«Figures juives chez Giraudoux», *Cahiers Jean Giraudoux*, 1992, 21.

«Louis Massignon», *Cahiers de l'Herne*, 1970.

«Claudel diplomate», *Cahiers Paul Claudel*, 1962, 4.

«La figure d'Israël», *Cahiers Paul Claudel*, 1962, 7.

NOTES

1. David Pryce-Jones, « Jews, Arabs and French Diplomacy : A special report », *Commentary*, mai 2005 ; trad. fr. « La diplomatie française, les Juifs et les Arabes », *Commentaire*, 28, 112, hiver 2005-2006.

2. L. de Gérin-Ricard, *Traditions de la diplomatie française*, Paris, 1942, p. 11.

3. MAE (archives du ministère des Affaires étrangères) / Dossiers généraux du personnel / Concours / vol. 8bis, note nov. 1893.

4. A. Gérard, *Mémoires*, Paris, 1928, p. 307.

5. MAE-CPC/Nouvelle série/Russie/1896-1905, vol. 1, tél. 12 août 1903 et 27 août 1904, et *Mon ambassade en Russie*, Paris, 1937, p. 60.

6. P. Cambon, *Correspondance, 1870-1924*, Paris, 1940-1946, t. 3, p. 25, et G. Louis, *Carnets*, Paris, 1926, t. II, p. 42 *et sq.*

7. M. Paléologue, *Les Précurseurs de Lénine*, Paris, 1938, p. 25, 116-120, 140-149...

8. M. Paléologue, *La Russie des tsars*, Paris, 1922, t. 1, p. 180 et 336 ainsi que t. 2, p. 37 ; MAE-CPC/Guerre 1914-1918, vol. 119, tél. 4 fév. 1915.

9. G. Puaux, *Deux années au Levant (1939-1940)*, Paris, 1959, p. 178.

10. MAE-CPC/Nouvelle série/Turquie/1897-1914, vol. 138, 10 fév. 1911.

11. *Cf.* A. de Fleuriau, « Paul Cambon », *Revue d'histoire diplomatique*, 1936, p. 275.

12. MAE-CPC/Nouvelle série/Turquie/1897-1914, vol. 138, 20 fév. 1913.

13. J. Patenôtre, *Souvenirs d'un diplomate*, Paris, 1914, p. 101.

14. MAE-CPC/Europe-Levant/Palestine/1918-1940, vol. 11, tél. 26 nov. 1918.

15. Louis Bertrand, *Le Mirage oriental*, Paris, 1910, p. 253.

16. *Cf.* A. de Saint-Aulaire, *Confession d'un vieux diplomate*, Paris, 1953, p. 112-114 et 235-237.

17. *Ibid.*, p. 424.

18. A. de Saint-Aulaire, *François-Joseph*, Paris, 1945, p. 424 et *Confession d'un vieux diplomate*, *op. cit.*, p. 626.

19. P. Cambon, *op. cit.*, t. 3, p. 72.

20. MAE-CPC/A-Guerre 1914-1918, vol. 120, tél. 17 janv. 1918.

21. *Cf.* MAE-CPC/Z-Europe/Pologne/1918-1940, vol. 60, 3 et 25 nov., 2 déc. 1918 et tél. 190, 30 juin 1920.

22. Cité dans I. Nathan, M. Vaïsse, « Le Quai d'Orsay » dans M. Drouin (dir.), *L'Affaire Dreyfus de A à Z*, Paris, 1994, p. 469.

23. Cité dans Renée Neher-Bernheim, *Histoire juive de la Révolution à l'État d'Israël. Faits et documents*, Paris, 2002, p. 715.

24. MAE-CPC/E-Levant/Palestine/1918-1940, vol. 12.

25. MAE-CPC/E-Levant/Palestine/1918-1940/vol. 12, note 28, 18 janv. 1919.

26. Cité dans C. M. Andrew, A. S. Kanya-Forstner, *France Overseas*, Londres, 1981.

27. MAE-CPC/E-Levant/Palestine/1918-1940/vol. 15, tél. 21 mars 1921.

28. MAE-CPC/E-Levant/Palestine/1918-1940/vol. 12, note 28, 16 août 1919.

29. *Cf.* MAE-CPC/E-Levant/Palestine/1918-1940/vol. 2, tél. 455-458 de Gouraud, 22 fév. 1920.

30. MAE-CPC/E-Levant/Palestine/1918-1940/vol. 14, tél. 1513, 15 nov. 1919.

31. MAE-CPC/E-Levant/Palestine/1918-1940/vol. 14, *passim*.

32. MAE-CPC/E-Levant/Palestine/1918-1940/vol. 16, dépêche du 28 juil. 1921.

33. MAE-CPC/E-Levant/Palestine/1918-1940/vol. 14, dépêche du 19 oct. 1920.

34. *Cf.* MAE-CPC/E-Levant/Palestine/1918-1940/vol. 13.

35. MAE-CPC/E-Levant/Palestine/1918-1940/vol. 15.

36. MAE-CPC/E-Levant/Palestine/1918-1940 / vol. 15, 8 avril 1921 ;

un autre document sur le complot juif mondial est transmis le 2 déc. 1925, vol. 28.

37. MAE-CPC/E-Levant/Palestine/1918-1940/vol. 51.

38. MAE-CPC/E-Levant/Palestine/1918-1940/vol. 28.

39. *Cf.* MAE-CPC/Z-Europe/Pologne/1918-1940, vol. 62, tél. 65, 26 mars 1925.

40. MAE-CPC/Z-Europe/Pologne/1918-1940, vol. 62, [date illisible] 1926, f. 171 et 21 sept. 1926.

41. *Cf.* MAE-CPC/E-Levant/Palestine/1918-1940/vol. 66, tél. 17 janv. 1935.

42. *L'Agression allemande contre la Pologne*, Paris, 1946, p. 38.

43. MAE-CPC/E-Levant/Palestine/1918-1940, vol. 29, 27 avril 1926.

44. MAE-CPC/E-Levant/Palestine/1918-1940/vol. 65.

45. MAE-CPC/E-Levant/Palestine/1918-1940, vol. 66, tél. 4 fév. 1935.

46. C. Nicault, «L'abandon des Juifs avant la Shoah : la France et la conférence d'Évian», *Les Cahiers de la Shoah*, 1993-1994, 1, p. 101-130.

47. Cité dans S. Klarsfeld (dir.), *Le Statut des Juifs de Vichy. Documentation*, Paris, 1990, p. 27.

48. J. Giraudoux, *Siegfried et le Limousin*, Paris, 1922, p. 750.

49. J. Giraudoux, *De « Pleins Pouvoirs » à « Sans Pouvoirs »*, Paris, 1950, p. 14, 50 et 52.

50. Lettre à D. Milhaud, 14 sept. 1930, citée dans J. Petit, *Bernanos, Bloy, Claudel, Péguy*, Paris, 1972, p. 50.

51. Cité dans J. Petit, *Bernanos, Bloy, Claudel, Péguy. Quatre écrivains catholiques face à Israël : images et mythes*, Paris, 1972, p. 49.

52. Cité dans A. Gérald, *Paul Claudel ou l'enfer du génie*, Paris, 1988, p. 327.

53. J. Keryell (dir.), *Louis Massignon et ses contemporains*, Paris, 1997, p. 296.

54. R. Irwin, *For Lust of Knowing — the Orientalists and their Enemies*, Londres, New York, 2006, p. 228.

55. L. Massignon, *Parole donnée*, Paris, 1970, p. 249.

56. Cité dans M. Abitbol, *Le Passé d'une discorde*, Paris, 1999, p. 352.

57. Cité dans C.-A. Julien, *L'Afrique du Nord en marche*, Paris, 1972, p. 141.

58. MAE/Afrique-Levant/1944-1965/Généralités, vol. 30/K. 14-18,

lettre du ministre de l'Intérieur au ministre des Affaires étrangères, 11 mai 1945. Toutes les citations suivantes sont tirées de ce dossier.

59. Télégramme du 12 mai 1945 : la guerre est finie depuis seulement quatre jours.

60. R. Brugère, *Veni, Vidi, Vichy... et la suite*, Paris, 1953, p. 152.

61. M. Anissimov, *Romain Gary le caméléon*, Paris, 2004, p. 224-225.

62. MAE-CPC/Afrique-Levant/Généralités/1944-1965, vol. 23.

63. MAE-CPC/Afrique-Levant/Généralités/1944-1965, vol. 23, compte rendu 21 avril 1945.

64. MAE-CPC/Afrique-Levant/Généralités/1944-1965, vol. 424.

65. MAE-CPC/Afrique-Levant/Généralités/1944-1965, vol. 424, tél. 22 nov. 1948.

66. MAE-CPC/Levant/Palestine/1944-1965/vol. 424, 23 juill. 1948.

67. J. Dumaine, *Quai d'Orsay 1945-1951*, Paris, 1955, p. 360-361.

68. MAE-CPC/Levant/Palestine/1944-1965/vol. 373, 16 sept. 1948.

69. MAE-CPC/Levant/Palestine/1944-1965/vol. 373, note des archives 31 août 1945.

70. J. Dumaine, *op. cit.*, p. 524.

71. MAE-CPC/E-Levant/Palestine/1918-1940, vol. 66, tél. 31 août 1936.

72. MAE-CPC/Afrique-Levant/Palestine/1944-1965/vol. 373.

73. MAE/vol. 211-212.

74. V. Auriol, *Journal du septennat 1947-1954*, Paris, 1974, p. 287-288.

75. MAE-CPC/Afrique-Levant/Palestine/1944-1965/vol. 371, s.d., 1950.

76. MAE-CPC/Levant/Palestine/1960-1965/vol. 928, 4 mai 1960.

77. MAE-CPC/Levant/Palestine/1960-1965/vol. 928, 31 oct. 1961.

78. H. Froment-Meurice, *Vu du Quai*, Paris, 1998, p. 55.

79. P. Landy, MAE-CPC/Levant/Palestine/1944-1965/vol. 424, 19 juin 1948.

80. A. Thomas, *Comment Israël fut sauvé*, Paris, 1978, p. 59-60.

81. *Ibid.*, p. 65.

82. R. Tournoux, *Secrets d'État*, Paris, 1960, p. 154.

83. Cité dans R.-F. Tesseidre, P. Wasjman, *Nos politiciens face au conflit israélo-arabe*, Paris, 1969, p. 113.

84. *Ibid.*, p. 115.

85. M. Couve de Murville, «Sur la "politique arabe de la France"», *Revue d'études palestiniennes*, 1991, 39, p. 471.

86. *Cf.* R. de Rôchebrune, J.-C. Hazera, *Les Patrons sous l'Occupation*, Paris, 1997, p. 285.

87. S. Kassir, F. Mardam-Bey, *Itinéraires de Paris à Jérusalem*, Paris, 1994, t. 2, p. 24.

88. *Cf.* MAE-CPC/Levant/Palestine/1960-1965/vol. 928, 7 janv. et 29 mars 1964, 5 janv. 1965.

89. R.-F. Tesseidre, P. Wasjman, *op. cit.*, p. 140.

90. Cité dans R. P. Grant, *Les Querelles franco-américaines et le conflit israélo-arabe*, thèse de doctorat, Institut d'études politiques de Paris, 1983, p. 50.

91. Cité dans B. Destremau, *Quai d'Orsay, derrière la façade*, Paris, 1994, p. 281.

92. Cité dans C. Clément, *Israël et la Ve République*, Paris, 1978, p. 138.

93. *Cf.* H. Froment-Meurice, *op. cit.*, p. 506.

94. *Le Nouvel Observateur*, 23 mai 1976.

95. H. Alphand, *L'Étonnement d'être. Journal (1939-1973)*, Paris, 1977, p. 530.

96. P. de Saint-Robert, *Les Septennats interrompus*, Paris, 1977, p. 196.

97. *Cf.* R. Rémond (dir.), *Touvier et l'Église*, Paris, 1992, p. 237.

98. *Cf.* M. Bar-Zohar, *Une histoire sans fard*, Paris, 1996.

99. J.-P. Perret, C. Villeneuve, *Histoire secrète du terrorisme*, Paris, 1987, p. 44.

100. *France-Israël Information*, 1975-1976, 19-20, p. 1-2.

101. H. Froment-Meurice, *op. cit.*, p. 507-508.

102. M. Jobert, J.-L. Remilleux, *Ni Dieu ni diable*, Paris, 1993, p. 317 et 241.

103. Y. Bazouni, *Le Métier de diplomate*, Paris, 2005, p. 91.

104. I. Errera-Hoechstetter, *La Politique extérieure de Valéry Giscard d'Estaing*, Paris, 1985, p. 351.

105. *Cf.* M. Szafran, *Les Juifs dans la politique française de 1945 à nos jours*, Paris, 1990, p. 219-220.

106. *Cf.* É. Aeschimann, C. Boltanski, *Chirac d'Arabie*, Paris, 2006, p. 53-54.

107. F. Eytan, *David et Marianne*, Paris, 1986, p. 85.

108. *Cf.* C. Clément, *op. cit.*, p. 230.

109. É. Sablier, *L'École française du terrorisme*, Monaco, 1993, p. 189.

110. A. Taheri, « Last Straw », *The National Review*, 30 juin 2003.

111. Y. Azeroual, Y. Derai, *Mitterrand, Israël et les Juifs*, Paris, 1990, p. 64.

112. G. Robin, *La Diplomatie de Mitterrand ou le triomphe des apparences*, Jouy-en-Josas, 1985, p. 46.

113. O. Soffer, *Mission piégée*, Paris, 1995, p. 97.

114. H. M. Sachar, *Israel and Europe*, New York, 1998, p. 289.

115. *Cf.* D. Moïsi, « Le Quai d'Orsay et la guerre du Golfe », *Pouvoirs*, 1991, 58.

116. *Cf.* B. Balaj, « France and the Gulf War », *Mediterranean Quarterly*, 1993, 4 (3), p. 106.

117. A. Pierret, *Ambassadeur en Israël*, Paris, 1999, p. 207-208.

118. D'après P. Favier, M. Martin-Roland, *La Décennie Mitterrand*, Paris, 1990, t. 4, p. 126.

119. A. Adler, *J'ai vu finir le monde ancien*, Paris, 2002, p. 198.

120. Interview parue dans *Information juive*, été 2002.

121. J.-M. Colombani, *Tous Américains ?*, Paris, 2002, p. 93-94 et 104.

122. É. Aeschimann, C. Boltanski, *op. cit.*, p. 94.

123. *Le Figaro*, 16 février 2004.

124. R. Gubert, E. Saint-Martin, *L'Arrogance française*, Paris, 2003, p. 203.

125. G. Arboit, « La chaîne d'information internationale pour la France », *Annuaire français des relations internationales*, 2004, 5, p. 479.

126. http://www.trans-int.com/news/archives/100-IRIS-the-French-Institute-for-International-and-Strategic-Relations-on-ZOG.html

127. F. Eytan, *La France, Israël et les Arabes*, Paris, 2005, p. 369.

128. Cité dans É. Aeschimann, C. Boltanski, *op. cit.*, p. 45.

129. Cité dans F. Eytan, *David et Marianne*, *op. cit.*, p. 221.

130. H. Froment-Meurice, *op. cit.*, p. 296.

130. A. Pierret, *op. cit.*, p. 129.

132. B. Destremeau, *Le Quai d'Orsay derrière la façade*, Paris, 1994, p. 308.

133. *Cf.* V. Mansour Monteil, *Le Linceul de feu*, Paris, 1987.

134. M. Gozlan, *Le Désir d'islam*, Paris, 2005, p. 80.

135. A. Pazner, F. Eytan, *Les Secrets d'un diplomate*, Paris, 2005, p. 295.

Achevé d'imprimer
sur Roto-Page
par l'Imprimerie Floch
à Mayenne, le 26 décembre 2007.
Dépôt légal : janvier 2008.
Numéro d'imprimeur : 70086.

ISBN 978-2-207-25971-9 / Imprimé en France.

150743